JN123914

バックパッカー体験の社会学

－日本人の若者・学生を事例に－

萬代 伸哉

公人の友社

目次

バックパッカー　体験の社会学

バックパッカー体験の社会学

序章

0.1 導入　バックパッカーとは

〝人のためにもならず、学問の進歩に役立つわけでもなく、真実をきわめることもなく、記録を作るためのものでもなく、血沸き肉躍る冒険大活劇でもなく、まるで何の意味もなく、誰にでも可能で、しかし、およそ酔狂な奴でなくてはしそうにないことをやりたかったのだ。〟

沢木耕太郎（1986：22）

『深夜特急』[1]という著書がある。ルポライター、沢木耕太郎は、インドのデリーからイギリスのロンドンまで乗り合いバスのみを利用して行くということを主題として掲げ、一九七四年二月にユーラシア大陸横断旅行へと出発した。沢木は、デリーに行くまでに、香港、マカオ、マレー半島、などに立ち寄り、旅行のすべての行程は一年ちかくにも及んだ。沢木は、旅行中の体験を八四年からサンケイ新聞にて旅行記として連載を開始する。そして、その原稿をもとにして編集加筆されたものが八六年五月に新潮社から二部作の単行本（『深夜特急〈第一便〉黄金宮殿』および『深夜特急〈第二便〉ペルシアの風』）として出版される。また、九二年十月には、ヨーロッパ旅行の原稿をまとめたものが続編として追加された（『深夜特急〈第三便〉飛光よ、飛光よ』)。これらの書籍は九四年に文庫化されている。九六年から九八年かけては、大沢たかおを主演としたテレビドラマ『劇的紀行 深夜特急』が放送された。今日では『深夜特急』は多くの人々に一大旅行譚として知れ渡っている。

著書『深夜特急』のなかで沢木は、旅行の日程を決めることなく自身の気分の赴くままに自由に行き先を決め、当てもなく旅行した先においての体験や様々な人々との出会いを描いている。沢木の旅行は、費用面の制約から安価に済ませるために、安宿を泊まり歩き、公共交通機関（バス・鉄道）を使いながら旅行するという特徴を帯びていた。今日においては、沢木のように安価に、そして、長期間にわたり旅行する人たちは「バックパッカー」[2]と呼ばれている。海外を長期に貧乏旅行した旅人は沢木以前にもいたが、留学を目的とする旅行やごく少数の冒険家がおこなう旅行の意味合いが強かった。例として、小澤征爾『ボクの音楽武者修行』六二年、上温湯隆『サハラに死す』七五年、や小田実『何でも見てやろう』七九年、などがあげられる。『深夜特急』の刊行により、海外を一般人が貧乏旅行するというスタイルの認知がなされた。沢木は、そのスタイルを始めに描き出し、また確立した作家であると言える。

〝ここではないどこか〟である旅先において自身と向き合い、また、葛藤する旅を描いた『深夜特急』は、青春文学の特性を帯びており、当時の若者たちを大いに貧乏旅行に惹きつけた。その影響力は非常に大きく、一九八〇年代の後半からは多くの若者たちが『深夜特急』の旅に憧れ、沢木の後を追うように海外へと出かけて行った。沢木の文学性に富んだ洒脱な文体は、今日においても多くの若者たちを魅了し続けており、現在、『深夜特急』は、長期貧乏旅行者の間では〝バイブル〟とも言われる書籍となっている。

『深夜特急〈第一便〉黄金宮殿』

沢木の後を追って、旅行へと出かけた旅人のなかには、帰国後に同じく旅行記を出版する者も数多く存在し、長期貧乏旅行の文化は隆盛を見せることとなる。沢木に続く世代において影響力のある長期貧乏旅行の作家としては、蔵前仁一[3]（旅行雑誌『旅行人』創刊者であると共に『ゴーゴー・インド』八六年、などの旅行記を著す）、小林紀晴（代表作として『ASIAN JAPANESE』）、下川裕治（『12万円で世界を歩く』九七年、『週末アジアに行ってきます』〇四年）などが挙げられる。

雑誌『旅行人』

0.2 はじめに

本研究においては、個人が数多くある旅行様式の中でも「バックパッキング」という形態を選択する動機を考察する。また、バックパッキングという行動を個人がおこなう意味（特に、他の旅行様式に対する優位性がどこにあるのか）や、その旅行行動が要請されている社会的文脈を考察する。

人びとを労働に対置した余暇活動として、集団的に日常空間から非日常空間へと送り込むことを特徴として発展してきた大衆観光に対して、バックパッカー旅行は、個人旅行者が自ら主体的に非日常空間へと移動、参入していく活動であることを特徴としている。本研究の関心はバックパッカー旅行者にあり、個人単位で移動する彼らの動力をいかに説明することができるだろうか、という点にある。社会学者の大橋昭一は〝観光の本義は「人が動く」ところにある〟（大橋 2014：8）と「観光」に関して定義している。このことから、バックパッカー旅行者においても、「移動」という要素は彼らの行動の動機を分析することにおいて重要となると考えられる。

本研究の著者は自らがバックパッカー当事者としてフィールドへの参与、および、調査を通して次の仮説を立てた。それはバックパッカー旅行者が地理空間上の移動に伴う体験の獲得によってピエール・ブルデューの提示する文化資本・社会関係資本などを取得することを目的としており、さらには、取得したそれらの資本を用いることによって、旅行経験が社会空間上においても、彼ら／彼女らが移動し新たな居場所・立場を確立する可能性に対し寄与しているというものである。加えて、バックパッカー旅行には、文化・社会関係等の諸資本の獲得だけでは説明できない付随的な利得が存在しており、その利得が、旅行者が社会に優位に再参与してゆく過程を補強していることを想定している。

0.3　本書の内容構成

本書の内容構成は次のようになる。

第一章においては、本研究の中心概念となるバックパッカーの特徴を説明するとともに現在までの本邦における長期間の若者貧乏旅行者の系譜についても触れる。そして、今日のバックパッカー旅行と他形態の旅行との差異を確認するために、大衆観光の成り立ちについても観光史の概略を記す。

第二章においては、バックパッカーに関する先行研究をまとめる。はじめに本研究において中心となる研究対象に関するこれまでの議論を省みる。このことにより本研究は、先行研究の系譜と照らし合わせた上でいかなる地点に位置づけられるのかを確認する。そして、これまでに検討されてこなかった対象の性質・特徴について検討し本研究の課題を設定した上で、新たな観点の創出の可能性について記述する。加えて、研究課題の分析において必要とされる社会思想上の枠組みを抽出し、まとめる。具体的には本研究の考察で主に参照する、フランスの社会学者ピエール・ブルデューが提示した諸資本概念・社会空間図式について記述する。

第三章においては、前章で記述した課題に対する自らの解決姿勢、また、その研究手法に関する説明を行う。そしてインタビュー調査・質問票調査の対象者の概略と特徴について記す。さらに、調査を行なったフィールドの特性に関しても記述する。

第四章から第八章において、バックパッカーの行動基軸を五つに分類し、それぞれを質問調査紙、インタビュー調査から得られたデータを基に、社会学的・人類学的な考察の観点を導入し、分析する。ここでは研究課題に対する考察も提示する。

終章において、前項目までの考察のまとめから導き出された現在のバックバッカー像の記述と、彼ら／彼女らが生きる現代社会の性質、そして本研究が設定した課題に対する回答となる結論を記す。また、本論文で検討できなかった課題と、今後の研究への課題についても記す。

註

1　沢木耕太郎は二十六歳の時にユーラシア大陸横断旅行をおこなっている。本書は、旅行から約十年ちかくを経た後に紀行小説として新潮社より出版される。現在では六冊に分冊化され文庫本として発売されている。

2　バックパッカーはアメリカのユースカルチャーより本邦に輸入された語である。新聞記事上では七六年に初めて確認できる。当初はアウトドアの文脈で登山を指すアクテビティの意で使用されていたが八六年に朝日新聞上で海外貧乏旅行者の意味で使われている。九六年の朝日新聞では〝リュックサックなどを背負って、放浪の旅をする人たちのこと〟と解説されている。

3　雑誌『旅行人』は八八年に立ち上げられたミニコミ誌『遊星通信』をその前身としている。蔵前は九五年に出版社として「有限会社 旅行人」を創立する。若者の旅行文化を牽引した第一人者であり、イラストレーターでもある。

上温湯隆『サハラに死す』時事通信社、1975 年

第一章　中心概念——本研究の調査対象者について

1.1　調査の入り口としての「バックパッカー」

特筆しておくべき点は、調査対象者であるバックパッカーは、これまでには厳密な定義がなされていない集団である。「バックパッカー」という語は、著名な論述家や執筆者、または観光協会等の団体によって定義されたものではない。「バックパッカー」は、もともとは登山やトレッキング等と関連があるアウトドア用語である。本論文の著者は、学士研究において、その用語が一九七〇年代にアメリカから輸入され、主に若者が海外でおこなう長期貧乏旅行を指し示す用語として、国内で変遷し定着していった過程を新聞記事上の言説研究から明らかにした。重要な点として留意すべきことは、バックパッカーが、その始点から制度として構築されてきた現象ではなく、自然発生的に生まれ自らを刷新、発展させてきた現象であるということである。本研究の主旨は、バックパッカーの厳密な行動の定義にあるのではない。本研究のフィールドワーク調査においては、若者の貧乏旅行の構造を分析するために、その入り口として「バックパッカー」というキーワードを対象者に投げかける。何故ならば、本研究では、対象者自身が抱くバックパッカーのイメージ、また彼らが自認するバックパッカー性について聞き取りをおこなうことに重要性をおいているからである。そうして、当事者が自らバックパック旅行に参入していく構造を描出することを本研究は目的とする。その試みの中で、調査対象者が、他形態の旅行（特に大衆観光[4]旅行）をいかに自らの旅行形式と対置させ、どのような差異を自認しているかを確認することによっても、バックパッカー性は浮き彫りとなると考えられる。

バックパッキング

…若者たちに広がる〝放浪〟のスポーツ…

★……
ニューライフ・スタイル

今から四年前の春。カリフォルニア大学の本拠地バークレーでのことです。ブックストアに入って正面の棚（たな）を見た時の驚きは忘れられません。話題の本、目玉商品が並ぶはずのその一角は、一見何の脈絡もない乱雑な感じで沢山の本がおかれていました。健康、自然食品、マクラメ、ドームやログキャビンづくり、風車やソーラーパネル、マッサージ、瞑想、セックス、動植物の生態写真、シエラを中心とした地域ガイド、ロッククライミング、バックパッキング、バイク（自転車）パッキング、カヌーツーリング、クロスカントリースキーイング、フライフィッシングのハウツーブック……。一緒に雑誌もおかれていました。ザ・マザー・アース・ニューズ（THE MOTHER EARTH NEWS）、ナチュラル・ライフ（NATURAL LIFE）、ホール・アース・カタログ（WHOLE EARTH CATALOG）などのタイトルがつけられていました。また、H・D・ソーローの「森の生活」やレイチェル・カーソンの「沈黙の春」のペーパーバックもありました。

世界の若者文化をリードしつづけるバークレーで、もっとも興味をもたれているのが、ここに置かれている本、つまりニューライフ・スタイルという分類でまとめられているテーマだったのです。そのニューライフ・スタイルを支えている柱は二本ありました。一本が動植物を中心とした生態学（エコロジー）、もう一本がバックパッキングを中心とした省エネルギー・スポーツ。おびただしい数の出版物が、なにかアメリカという国の若々しさを感じさせてくれました。

★……
正課に取り入れる学校

今から三年前の話ですが、エコ・スポーツのための有力隔月刊誌「バックパッカー」誌上に、全米

天藤　真

記者から敢えて四本の道。[illegible]業だけは商才ゼロだから見込みはないが、あとの三つはどれか一筋に打ち込んでいたら、もうちっとエラくもなり、お金も儲（もう）かっていたんじゃないかという気はする。少なくとも小説に追われて授業準備がおろそかになると学生にすまないと感

アメリカの文化であった「バックパッキング」を紹介する記事

読売新聞『バックパッキング　若者たちに広がる〝放浪〟のスポーツ／芦沢一洋』一九七六年四月三日朝刊

1.2 「バックパッカー」は、いかに議論されてきたのか

1.2.1 研究者による観察

「バックパッカー」という集団については、これまでに、観光社会学や観光人類学の分野で多くの国内外の研究者によって観察されて来た。最も初期の研究としては、イスラエルの人類学者エリック・コーエンによる研究が挙げられる（Cohen 1972）。イスラエルにおいては、伝統的に若者の長期貧乏旅行が盛んであり、コーエンは一九七〇年代の初頭に既に「バックパッカー」に着目していた。以下に、「バックパッカー」の描写について数例、提示したい。

（1）・安宿に滞在することを好む。・現地の人々や他の旅行者との出会いを求める。・独自で柔軟な旅行計画を立てる。・短期の休暇旅行者よりも長く旅行する。・アクティビティにも積極的に参加する。

（Loker-Murphy and pearce 1995）[5]

（2）バックパッキングとは非制度化された観光形態（The non-institutionalized forms of tourism）である

（Eric Cohen 1972：174）

（3）バックパッカーとは、旅行会社が旅の行程や宿泊所などを用意する『パッケージ・ツアー（パック旅行）』とは異なり、自分自身で旅の行き先やルートを決め、そのために必要な手続きや準備を行うツーリストのことを言う。

(4)バックパックを背負い、汚れたTシャツやジーンズを身につけ、自分の手で旅を創り出そうとする。（遠藤 2007：15）

彼らは、「パッケージ・ツアー」のように整備されてはいないオリジナルな旅を求めている。（遠藤 2007：21）

上記のように、「バックパッカー」の観察はこれまでに多数の研究者によってなされてきた。先行研究を検討した結果、「バックパッカー」を描写するさいには以下のように大きく分けて二つの手法が採用されて来たことが明らかとなった。

(1) 遠藤（2007）やLoker-Murphy and Pearce（1995）のように「バックパッカー」を直接的に観察し、その結果として見いだされた、彼ら／彼女らが持つ行動規範や価値観といった対象の特性・特徴を記述したもの。

(2) Eric Cohen（1972）のように「バックパッカー」の観光現象における位置づけを記述したもの。

上記(1)の手法は、具体的・印象的に対象者を描写するという点において、「バックパッカー」の実態を掴みやすく、対象者を理解しやすい点において、意義深いものである。特に本研究においては、調査対象者を選定し、アプローチする過程において上記の手法が有効となった。(2)の手法は、概念的に、また機能的に対象者を描写することによって、学術研究における対象者の位置を説明しやすい点において、意義深いものである。しかしながら、上記に提示したCohenの研究においては、観光研究全般における「バックパッカー」の位置づけは説明されているが、若者が旅行に参入していく構造までは明らかにされてはいない。本研究においては、概念を定義するにとどまらず、対象者の観察をより深化させ、現象というレベルで「バックパッカー」の構造を明らかにしたい。その為、第二章で検討する難波や荒井の研究に見られるように、研究対象に対して参与観察、フィールドワークといった手法を採用することが必要となる。

1.2.2　ガイドブック『地球の歩き方』によるバックパッカーの描写

山口誠（2010）の研究では、日本のバックパッカー文化に大きな影響を与えたメディアとして、旅行ガイドブック『地球の歩き方』が指摘されている。本書でも、『地球の歩き方』の長期貧乏旅行者に留意してみたい。『地球の歩き方』は一九七九年にヨーロッパ編およびアメリカ編の二つのタイトルをもって創刊された。以降、毎年、内容を改訂しながら発行され、日本人の海外旅行ガイドブック市場において影響力が大きい存在である。『地球の歩き方』[6]は、八〇年代から九〇年代の初期において長期貧乏旅行者を読者のターゲット層におくことから発展していった媒体である。観光社会学者の須藤廣は、今日においてもバックパッカーのスタイルをとる旅行者が『地球の歩き方』を参照していることをフィールド調査から報告している。（須藤 2008：150）また、本研究の著者も調査地において、調査対象者となる旅行者が携行していることを確認している。

『地球の歩き方』が創刊された時の二巻のタイトル『ヨーロッパ』・『アメリカ』、それらに続いて創刊された『インド』、それぞれの初年度版の表紙では、読者のターゲットを次のように定義している。

〝ヨーロッパを一ヶ月以上の期間、一日3,000円以内で、ホテルなどの予約なしで、鉄道を使って旅する人のための徹底ガイド〟

（ダイアモンド・スチューデント友の会 1979 表紙より）

〝アメリカを一ヶ月以上の期間、一日3,000円以内で、ホテルなどの予約なしで、バスを使って旅する人のための徹底ガイド〟

（ダイアモンド・スチューデント友の会 1979 表紙より）

〝インドとネパールを一日1,500円以内でホテルなどの予約なしで鉄道とバスを使って旅する人のための入門書〟

（ダイヤモンド・スチューデント友の会 1981 表紙より）

右記の内容は「長期の旅行期間」、「低予算での旅行」、「旅行計画の柔軟性」、「陸路の公共交通手段の使用」という四つの要素に分解できる。『地球の歩き方』は読者のターゲット層を「バックパッカー」においていたことが確認できる。また、「旅の準備」というページでは旅行者の装備品としてジーンズ・Tシャツ・雨具・盗難対策用の鍵などを携行する必要性を説明している。そして、表紙の中央には、バックパッカーを表すロゴとして大きなアウトドア用のリュックサック（創刊号では背面にアルミパイプの入った登山用のもの）が描写されている。

『地球の歩き方ヨーロッパ』
1980年度版

さらに、『地球の歩き方』は、旅行経験がない人たちを長期貧乏旅行へ導く上で、「バックパッカー」として必要で望ましいとされる資質について次のように説明している。

〝本当の旅の情報は旅のなかで仕入れていく。キミが意図しなくても、旅の始まりとともに新しい人間とのふれあいが始まる。その話のなかで、キミの旅のルートが作られていく。さらにいい旅は、キミが仕込んだ知識や情報を超えることだ。予定通りすすんだ旅に強烈な衝撃はない。ハプニング、それこそがキミのイメージを乗り越えた新しい空間を作ってくれる。〟

(『地球の歩き方アメリカ』ダイアモンドスチューデント友の会,1979：1)

右の『地球の歩き方』による説明においては、まず始めに「キミ」という用語が繰り返し使われ強調されていることが見て取れる。「キミ」は読者自身を指し示しており、繰り返し使用することで『地球の歩き方』は、長期の貧乏旅行をおこなう者には、旅行者の主体性が重要であることを強調している。また体験の要素として、「新しい人間とのふれあい」や「ハプニング」などがあることが望ましいと解説されている。

加えて『地球の歩き方③インド』初年度版の序文では、〝はじめに　または　おわりに〟と題して、バックパッカー旅行への誘いとしてプロローグが綴られている。ここには、当時の雑誌の執筆者や編集者が理想とする旅のあり方や旅行の醍醐味が表現されており、思想性に富んだ内容である。

〝――いったいキミは、どこへいくのか?
いま1980年代の初め、ここ東アジアの湿気いっぱいの一隅で、昨日と同じような今日、本があふれているのにどこかほの暗い書店で、このページを読んでいるキミは？

情報の波をかいくぐって、キミの手元に届いたこの本は、誰が書いたものでもない、インドが書いたキミへの招待状。ここまで読んだキミは、もうインドへの第１歩を踏み出したことになる。


（中略）


さあ、旅立ちのとき、魂まっ裸のトリップを！

謎めいた言葉で、インドはキミに呼びかけている……。

「さあ、いらっしゃい！　わたしは実は、あなたなのだ。」〟

（『地球の歩き方 ③インド』ダイヤモンド・スチューデント友の会 ,1981：2）


こうした説明からは、読者の主体意識を喚起させ、旅行者（〝キミ〟）が旅行の主人公であり、当事者によって旅行は作られるという思想が読み取れる。目的地（インド）は、旅行者が表現した旅行体験そのものである。インドに行くことによって、自身を知ることになるという趣旨であり、旅行者の自意識にはたらきかける内容となっている。

1.3　大野哲也による現代バックパッカー深化に関する四段階の分類

大野は、二〇〇四年から二〇一一年にかけてのフィールド調査から、バックパッカーをその参入の水準から初期の「移動型」から「沈潜型」そして「移住型」、最も深層にある「生活型」への四つのグループに分類した（大野 2012）。移動型は、可能な限り多くの街や観光地を巡り移動していくタイプであり、沈潜型は移動の中から、気に入った街に長期間にわたり滞留する者を指す。移住型は沈潜型が深化したもので、生活型はコミュニティーを形成するにまでも至る。旅行経歴を蓄積した者の中から、一部がより深層へと移行していく。研究を進めるにあたって、どの水準に分類される対象者に焦点を当てるのかを明確にする必要がある。本研究では、調査対象者としてバックパッカーの中でも「移動型」と「沈潜型」に焦点を合わせる。両者は、旅行後に日本に帰国することを前提としており、本研究が明らかにしたい、旅行による資本の獲得とその利用という点に関して、旅行様式が合致しているからである。帰国を前提として旅行に出発するか否かにおいて、「移動・沈潜型」と「移住・生活型」のカテゴリー間には、旅行への目的意識に分断があると考える。本研究では、移動する旅行者に焦点を合わせるため、「移住型」と「生活型」に関して考察はしない。

1.4　近代観光の発展とマス・ツーリズムの誕生、そして個人旅行者の出現

十九世紀の後半にイギリスに興った産業革命によって、都市部における労働者階級が誕生した。それまで大半の人間は自身が生まれた土地で農業に従事していたが、街で工場労働に従事する人口が増え、仕事そして余暇といった生活の時間概念における区別が生まれるようになった。歴史家のアラン・コルバンは、〝産業革命と結びついた、労働のリズムの再調整が、社会的時間の新しい配分を押し付け始める〟と述べている（アラン・コルバン 2000：10）。時を同じくして、イギリスでは鉄道の開業、さらに一八四一年にはトーマスクックによって旅行社が創立された。工場で働く者たちを集団で海水浴場などに連れていくツアーが主催され、そこに近代観光が勃興した。近代以前の旅行は、貴族などの特権階級に許されたもの、

または商人による行商などが主であり、それはシステム化されておらず、多分に冒険的な要素を含んだものであった。一例としては、〝18世紀イギリスの裕福な貴族の子弟が、その学業の修了時に行った大規模な国外旅行〟（増渕2015：103）であるグランド・ツアーが挙げられる。蒸気機関の発明によって一般人が容易に移動できるようになったこと、労働者階級に娯楽という生活概念が浸透し始めたことによって、観光の時代が幕を開けた。そして近代観光は、一八五一年のロンドン万国博覧会[7]などの大規模なイベントにおける観客動員、それに伴うさらなる交通インフラの開発によっても発展していく。

二十世紀に入り、労働に科学的管理法（テイラーシステム）が導入された。労働時間は短縮され、生活における仕事と余暇の分離がさらに明確化されたことも観光産業の発展を後押しした。一九二〇年代のアメリカにおいては、製造業の発展による好景気により中産階級が生まれ、生活のさらなる充実を求めてレジャーが定着していく。第二次世界大戦により余暇としての観光は中断されるが、戦後の復興による、高度経済成長から先進諸国では、大量生産・大量消費社会が誕生した。そのような社会背景の中で、一九六〇年代にマス・ツーリズム（広く大衆の間でおこなわれる娯楽的な観光）は確立された。

イギリスの海浜リゾート　ブライトン

欧米において、六十年代の後半に起こったヒッピームーブメントの一端として、バックパッカーによる放浪スタイルの旅行が出現した。そうした状況下で、日本でも国外への出国規制の緩和といった追い風も受けて、一部には欧米のヒッピー思想を受け継ぎ、画一的な観光そして社会に対する積極的なアンチテーゼを志向し、海外を長期間にわたって放浪的に貧乏旅行をする旅人も出現した。（山口誠はバックパッカー第一世代と分類している。2010：147）その後、八十年代のバブル景気の時期に円高[8]の影響も受け、大衆観光に対してオルタナティブな手法を実践する海外個人旅行者が増加する。画一的な観光旅行に対して、ライフスタイルの個人化により、観光体験にも独自性・個性を求める旅人が出現した。（山口誠による同上の分類ではバックパッカー第二世代。2010:135）日本人のバックパック旅行者の誕生は、社会の個人化、そして自己表現を許容する豊かな経済という背景の基に位置づけられてきた。

本研究では、その誕生から約四十年が経った、現在の日本人バックパッカーが国外旅行に対して求めている体験について考察していく。

註

4 旅行形態が多様化・個人化した現代においては、もはや〝大衆〟観光は存在しないのでは、という議論もあるが本研究ではツアー・パッケージなどによって、なんらかの規定を受ける旅行形態として個人旅行に対置する。

5 本引用は Loker-Murphy and Pearce,1995, Young Budget Travelers：Backpacker in Australia. *Annals of Tourism Sociology*,22,819-843. において定義され、林・藤原「長期旅行者と休暇旅行者のモチベーション構造の相違」二〇〇四年、において翻訳引用されたものを重引した。

6 現在では約二百タイトルが発行されており毎年度、改訂される本邦で最も知名度がある旅行雑誌である。現在では購買層をバックパッカーに絞らず、中級ホテルやラグジュアリーホテルなども紹介されている。

7 ガラスを用いた大規模建築であるクリスタルパレス（水晶宮）が観光客に目玉の展示となった。

8 八五年のプラザ合意は急激に進んだ円高に寄与している。

ラオス・ベトナム国境ちかく
外国人バックパッカーが川舟で次の町を目指す様子

第二章　先行研究と本研究のリサーチクエスチョン、研究意義

2.1　先行研究

2.1.1　観光客の全体の中においてのバックパッカーの位置づけを表す先行研究

「主体性」について─バックパッカーのパフォーマンス（主体性）と再生産

社会学者の遠藤英樹は、観光におけるアクターとして次の三つの立場をあげている。それらは、観光客（観光を消費する人）、プロデューサー（観光を制作する人、交通機関、メディア）、ホスト（地域住民、観光地）である。（遠藤 2007：11）観光現象の実存は三者の関係性の中において生み出される。

周によると、当初の観光研究はホスト側の社会に着眼がなされ、観光活動がホスト社会へ与える影響を考察するものが主であった。具体的なトピックとして、観光を生み出す「しかけ」、観光がホスト社会に与える影響、観光によって作り出される文化を考察する研究が蓄積されてきた。（周 2013：114）それらの研究は、ジョン・アーリの著書『観光のまなざし』の初版・第二版において述べられているミシェル・フーコーの理論に依拠し、視覚的な主客二元論を用いて観光を考察するものであった。二十世紀までの観光経験は制度化され、ホストやプロデューサーから観光客に一方的に強い選択圧を伴って提供されるもの

であった。決められた名勝、旧跡などを巡る大衆観光が一般的であり、観光客の選択自由度は限定的であった。そのため観光客からまなざされ客体化される観光地や、観光客が抱く観光表象を作り出すメディアに関する考察が蓄積された。しかしながら、近年においては観光現象の構築に観光客が果たすパフォーマンスが無視できなくなってきている。従来の大衆観光客に対して、八〇年代から増加しているバックパッカーは、ゲストによるパフォーマンス要素が強い旅行者である。〝バックパッカーは、旅におけるすべての事柄を自己選択・自己責任でおこなわなければならないので、主体的な行為だといえる〟、と大野（2019：262）は指摘している。社会学者の須藤廣は、〝パフォーマンス中心の観光は、環境や身体の条件に依存することが多く、また他者との関係を楽しみとすることから人間のつながりを多く促すものが多いので、予測不能性が大きい〟と指摘している。（須藤 2016：11）

ゲストのパフォーマンスが向上したことによって、観光は一方的なものではなくゲストとホストとの双方向的な関係によって構築されるものになった。同じく須藤によると、〝現在の観光はポストモダン化の現象のなかにある〟（須藤 2014）という。枠付けがぼやけた観光対象の中では、観光客自身が枠組み作り自体に駆り出され、観光は参与を前提としたものとなる。そのため、近年の観光を考察する際に従来のホスト／ゲストという単純な主客二分法を用いることには限界があるようにも思われる。バックパッカーにおいては、彼ら自身が観光地に働きかけ、観光を構築してきた（バックパッカータウン・ベトナムにおける格安バスチケットのシステム[9]・東南アジアにおけるバナナパンケーキトレイル[10]の整備など）歴史がある。

さらには、バックパッカーには、旅行後に自らの体験を語ることによっ

バナナパンケーキ

て、新たに旅行を志す者を生み出すという再生産のシステムが働いていることを大野（2012）は指摘している。大野によると、バックパッカーの再生産サイクルとは①「やりたいこと」に固執し、自分らしさを求めてバックパッカーになる→②旅で冒険的な経験を蓄積することによって、自己成長を実感すると共に、資源を獲得する→③自分らしい生き方を見つけて、資源化した経験を利用しつつ日本社会への再参入を果たす→④この成功物語がバックパッカー予備軍を旅へ誘導する、という四つのプロセスから成る一連のサイクルのことである。本研究では、バックパッカーの主体性と再生産がおこなわれる必然性として、旅行が対象者にいかなる利得を与えているのかを考察する。

2.1.2 バックパッカーの旅行動機を分析するにあたって関係する先行研究「経験」について―「精神的動機」・「体感動機」

林幸史と藤原武弘は、二〇〇四年にバックパッカーが多く集まる地区であるバンコクのカオサンロード[11]にて、長期旅行者と短期の休暇旅行者を二者対比させて、旅行動機に関する調査をおこなった。彼らは、旅行者の中でも特にバックパッカーの旅行動機に関心を抱いて調査を行い、バックパッカーの定義や、彼らが重要視する価値観について整理した上で、旅行に出ることへの個人の内在的な要因を明らかにしようと試みている。林・藤原は、休暇旅行の経験者一四名と長期旅行の経験者一〇名の計二四名に対して聞き取り調査をおこなっている。その結果、林・藤原は、調査対象者の旅行動機を大きく七つのクラスターに分類している。それらは、「解放動機」、「娯楽的動機」、「社交動機」、「見聞動機」、「体感動機」、「精神的動機」、「その他」である。調査の結果として長期旅行者の旅行動機においては、直接的な体験を通しての感性欲求を集約した「体感動機」が多くあげられたと述べている。林・藤原は、対象者の言及内容から「体感動機」を「五感で感じる」と「実際に体験」という二つの要素に分類している。また「社交動機」も多くあげられ、中でも、長期旅行者では旅行先で地元の人びとや旅行者との出会いを求める欲求が強く言及されていることが明らかとなった。さらには、旅を通して自己成長や自己探求を図る「精神的動機」が多くあげられたという。「その他」の項目では、「メディアの影響」、「友人や家族の旅話」、「旅行者からの情報」などが長期旅行者から言及されている。林・藤原は、長期旅行者が人生の移行期に旅行に出ていることに着目し、〝人生の重要な局面での意思決定を先送りにし、実社会から逃避するように自己探求的な旅を行う特徴がある〟と分析している。（林・藤原 2004：102）

本研究ではフィールド調査を実施する過程で、林・藤原がおこなった旅行者の分類を参考にした。インタビュー対象者を選定するにあたって、事前調査票を作成し不特定の旅行者[12]に配布した。質問票には旅行者の属性を把握するフェース項目を組み入れたが、林・藤原が提示した枠組みを援用している。そして質問票に回答した者の中から、長期旅行者を抽出しインタビューをおこなった。

林・藤原による旅行者の動機分類において考察されている旅行者の動機群の中でも「精神的動機」は、本研究が対象とするバックパッカー旅行者の動機分析において特に重要と考えられ、聞き取り調査の中では中心的な質問となった。また、本研究では旅行者の体験に対して焦点を当てるため、「体感動機」という観点も重要となると思われる。

バンコク・カオサンロード

「学び」のプロセスについて――「前進主義的価値観」――資本獲得を目指す

ここでは、本研究が特に重視している文献について見ていく。それは、大野哲也『旅を生きる人びと　バックパッカーの人類学』世界思想社、二〇一二年、という作品である。

本作品では、日本人バックパッカーの様態を質的調査の手法を用いて描出している。本の始めに著者の大野による五年間にわたる自身のバックパッキング旅行の体験が、彼の人生史を交えて語られる。さらには、各章の節目ごとに旅行記が挿入される構成となっている。大野は、〝本書の目指すところとしてバックパッキングをたんなる観光の一形態としてではなく、生の営みへと再定位することを試みる〟（大野 2012：30）と述べている。このことは、大野のバックパッキングという現象に対して既存の観光社会学における理論的解釈からではなく、また、コーエンなどによる旅行者の分類という手法でもなく、個人の実践の記述から迫ろうという研究の方向性を明示している。著者の自分史（オート・エスノグラフィー）が語られるということが、著者が対象者を捉える視点そのものを表しており、さらに読者にも大野を通してバックパッカーに接近する視点を提供している。対象者を一方的に眼差し記述する、ということではなく自ら参与し、自らの内から対象者像を引き出していることに研究の特徴がある。

調査の具体的な手法としては、大野は国内外において約四十人の「現役」バックパッカーと「元」バックパッカーに対して複数回のインタビューをおこなうとともに、海外のバックパッカーが多く集まる街（バックパッカータウン）をフィールドとしてホテル・レストラン・ツアー会社などにも聞き取り調査を

実施している。対象者の旅行に同行することや生活を共にするなど関係性に深く入り込んだ参与による調査をおこなっている。

大野はバックパッカーの動力として「自分探し」というキーワードを導入することによって、旅行者のアイデンティティを考察している。そして、バックパッキングがアイデンティティを再確認し刷新するための実践であると説明している。大野は、バックパッカー個人におけるアイデンティティの刷新の構造に対して、社会に勢力を持って普遍的に存在している〝前進主義的価値観〟が影響を与えていると分析している。

加えて、大野は〝前進主義的価値観〟について〝「右肩上がり」の人生を「良いこと」とする日本の風潮〟、さらには〝前に進んでいくことを貴いと考える〟ことと述べている。（大野 2012:47）バックパッカーは、その価値観を拒否し、「やりたいこと(自分探し)」に執着するために旅に出るように見える。しかしながら、彼らの「やりたいこと探し」という行動そのものに、形を変化させた〝前進主義〟が内在しており、その価値観が表出した実践としてバックパック旅行がおこなわれるのだと大野は解釈している。本研究の著者は、旅行後に日本に帰国することを前提とした「移動型」・「沈潜型」旅行者では、顕著にその実践が見て取れるではないかと仮定し、両者を調査対象とする。

これまでにバックパッカーの旅行動機に着目した研究では、社会からの逸脱や逃避といった側面のみに言及したものが多かった。一見してバックパッカーの実践は、〝前進主義的価値観〟の完全な否定、それへの対抗であると理解されがちであるが、大野は、バックパッカーと〝前進主義〟との親和性を明らかにした。旅行を終えた者が結果的には、意図する、または意図せずとも、その旅行で得た〝体験を資源へと変換し〟（大野 2012：51）、活用して社会へ再参入していくメカニズムを描き出している。そして、旅行者の再生産というプロセスを経て、〝前進主義的価値観〟を受容し、強化することにも、バックパック旅行は貢献していると大野は分析する。
本研究では、大野による旅行経験を資源として捉えるという着眼点そして〝前進主義的価値観〟と表現されたキーワードに着目し、旅行経験を資本として捉え、そしてその資本が活用される場に関して考察を加えることを目標としている。

「非日常（逸脱）」について―逸脱的行動の実践と経歴

バックパッカーがおこなう旅行は、主流の大衆観光旅行に対して、新たな傍流としての旅行様式を提示しようとする試みと解釈することもできる。観光社会学者の須藤廣や山口誠は、一九六〇年代の初期のバックパッカーは、ヒッピームーブメントの影響を受けていたと述べている。そのため本研究の著者は、主流からあえて外れた旅行様式へと自ら参入していこうとする、バックパッカーが持つアウトサイダーとしての性質も研究構築の過程において考慮する必要性を感じた。フィールドにおける実際の観察からも、一部のバックパッカーは、大麻の使用、売春など母国において反社会的であり社会規範から逸脱したとみなされ得るような行為をおこなう者もいた。そのため、「逸脱」をキーワードに先行研究を参照した。

〝あらゆる社会集団はさまざまな規則をつくり、それをその時々と場合によって執行しようとする。ある規則が執行されると、それに違反したと見られる人物は特殊な人間、つまり集団合意にもとづくもろもろの規則にのっとった生き方が期待できないと考えられる。つまりかれはアウトサイダーとみなされるのだ。〟

（ベッカー 2011：1）

ハワード・ベッカーの著書『アウトサイダーズ』（1963＝2011）において、逸脱は主要な論題であり、逸脱が完成するまでに必要な要素と過程が詳細に分析されている。ベッカーが考察した逸脱に関する論考は、部分的にバックパッカーの行動様式を分析する際にも導入できると考えた。

『アウトサイダーズ』では、逸脱の行動様式は、〝順序だって継時的に発達する〟（同書：20）ことが明らかにされている。そのため逸脱を考察するさいに経歴（career）という概念を導入している（同書：21）。個人の逸脱経歴の第一段階として、非同調行為の遂行がある。その後、個人はより経験が豊かな逸脱者との相互作用を通して逸脱的な動機と関心を発達させていく。このような段階を踏むことは、バックパッカー旅行者の経歴を考察するさいにも適用できる。経歴を重ねることで集団の行動様式が発達していくことは、大野（2012）が示したバックパッカーの四段階にわたる深化の分類にも当てはまるからである。旅行先で他者と知り合い、さらなる旅行への動機と関心、そしてバックパッカーとしての旅行様式を獲得する過程がみられる。

私が二〇一三年におこなった調査では、一部の旅行者から、初めてバックパック旅行を遂行するきっかけとして、社会への不順応（コミットメントの失敗）があったという語りも聞かれた。それは、本研究で中心的な対象としない高年齢の旅行者からの語りであったが、対象者が若年の頃に、旅行へ出たきっかけとして、社会への不順応があったという。また、複数回の旅行を経験したある対象者は、旅先で得た情報により旅行動機が高まったと述べていた。

ベッカーは長期的な逸脱者は、あるサブカルチャーを持った逸脱集団に参加し、彼らは多様なコミュニケーション・メディアによっても逸脱に誘導されると述べている（ベッカー 2011：27）。大野（2012）は、バックパッカーの最深層である「生活型」の集団においては、コミュニティーが形成されることを指摘している。ベッカーが述べるコミュニケーション・メディアに相当するものとしては、『地球の歩き方』[13]や『旅行人』などの旅行雑誌が挙げられる。八〇年代初期には、『地球の歩き方』の誌面上に大麻の使用方法やストリップ劇場の鑑賞を推奨する項目があり、その作法が解説されていたと大野は指摘している。

大野は、著書『旅を生きる人びと　バックパッカーの人類学』で、バックパッカーの逸脱的な行為が、リスクという文脈によって読み替えられ、価値付けられていると指摘している。旅人は、自らのアイデンティティを〝個性豊かでタフな自分〟へと刷新していくという。旅に出ることにより、〝リスクを消費〟する経験が蓄積されることから、バックパッカー集団内でのヒエラルキー上でもステイタス[14]が上昇することを指摘している。リスク体験を他の旅人に語ることによって両者の間には明確な序列関係が生まれる（アジアを旅した者よりもアフリカを旅した者の方が序列が高いなど）。

2.1.3　ピエール・ブルデューによる諸資本概念について

前項目の大野による先行研究（大野 2012）の検討においては、バックパッカーの旅行が資源獲得の機会であるという着眼点を確認した。その上で、個人の社会的位置の移動に寄与する〝資源〟（本研究の著者には、それが実質的に「資本」ともとらえられる）に関して社会学的に体系化された概念として、本研究ではフランスの社会学者、ピエール・ブルデューにより提唱され、まとめられた諸資本概念に着目したい。ブルデューによると、個人が所属する社会階層区分に作用する資本は、大きく、次項から述べる三種類の資本、①文化資本、②社会関係資本、③経済資本に分けられ、各資本量の所有割合によって、社会的位置が決定される。さらには、三つの資本に対して補助的に作用し、それらを強化する、④象徴資本が存在する。バックパッカーの持つ価値観を分析することにあたっては、マルクス経済学における資本論による再生産過程に着目するよりも、ブルデューによる資本論において見られる学校制度や資格による権威付け、それに伴う象徴性により個人の社会階層が再生産、あるいは刷新されるという観点を用いることが有用であると私は考える。

社会学において「資本」概念は元来、マルクスによる経済資本、つまり金銭の蓄積、贈与、相続、親から子への社会階層の再生産が行われるという議論を出発点としている。後続の社会学者、ブルデューの理論においては、個人の所有する資本は、経済面の他にも文化（教養など）、社会関係（コネ）にも適用されている。ブルデューの理論を使用することには、本研究におけるインタビューにおいて、対象者からバックパック旅行は学びの機会であるという旨の語りが聞かれていることも考慮している。さらには、大野の研究においてバックパッカー経験者の語りが、新たなバックパッカーを生む再生産の過程が描写されているることも[15]、本研究の方向性に示唆を与えている。本研究の著者は諸資本の中でも文化資本、象徴資本が、バックパッカーを描写する上で、特に着目するべき資本であると考えている。

1　文化資本について

観光社会学者の高岡（2011：57）によると、〝文化資本は身体化された文化資本（知識・教養・趣味・感性）、客体化された文化資本（書物・絵画）、制度化された文化資本（学歴・資格）の三つに区分される〟という。旅行者においては、観光をする中で体験された事柄（例えば、名勝・旧跡への訪問、芸術品や絵画の鑑賞、強盗などトラブルへの遭遇、そして、それへの対処）が再解釈され経験となることで、身体化された文化資本が形成されるのではないだろうか。また、本研究の冒頭で提示した旅行作家によって出版された旅行記などは、客体化された文化資本に相当すると考えられる。バックパッカーの経験には、直接的に制度化された資格はないが、「旅行業務取扱管理者」、「温泉ソムリエ」などの資格の保有が制度化された文化資本といえる。前項における（林・藤原 2004）のバックパッカーの動機分類で示された「見聞動機」が文化資本の取得欲求と関係する。

2　社会関係資本について

ブルデューによる著書『ディスタンクシオン』の翻訳者、石井洋二郎によると社会関係資本とは、〝様々な集団に属することによって得られる人間関係の総体。家族、友人、上司、先輩（中略）などいろいろあるが、そのつながりによって何らかの利益が得られる場合に用いられる概念〟と述べている（石井 1990：ⅳ）。観光研究のまちづくりなどの分野においては、アメリカの政治学者ロバート・パットナムによるソーシャル・キャピタル論が引用されることが多い。[16] パットナムの論が社会（特に地域社会）における協働、協調、ネットワークを重視していることに対し、ブルデューの資本論は、個人の社会階層への帰属を決定する資本、〝いわゆる「人脈」に近い〟（石井 1990：ⅳ）という論点に立っている。また、文化資本と社会関係資本は相互に転換されうるものである（例として、高い学歴を持つ者が、同じく高学歴の同僚と仕事をする等）。

本研究を進めるにあたっては、（林・藤原 2004）がバックパッカーにおける「社交動機」について言及していることから、社会関係資本に関して整理しておく必要性があると思われた。バックパッカーが旅行を、積極的に社会関係資本を獲得する機会として捉えていることが多いからである。

3　経済資本について

ブルデューの著書の翻訳者、加藤晴久によると経済資本とは、〝土地、工場、貨幣など生産財、所得、資産、物的財など経済財の総体」「経済資本は社会空間における個人ないし集団の位置に対して主要な役割をはたす」「経済資本は文化資本、社会資本にも変換されうる〟と述べられている（加藤 2015：204）。個人の経済資本の所有量は、その旅行スタイルの決定に関与している可能性があることには留意する必要がある。所有資本の多寡は、個人がとる旅行様式において、バックパッキング、ツアー旅行、高額な個人手配による旅行など、その実現可能性に制限を加えている。だが本研究の調査では、他の旅行様式を選択するに十分な経済資本を所有していながら、あえて安価なバックパッキングを実践している旅行者もみられた。このような者は、大野による研究の調査（2012:61）でも確認されている。このことからも、バックパック旅行に参入する「姿勢」には、経済資本よりも文化資本などの他資本がより関係しているといえよう。そのため、本研究では、バックパッカーが旅行を直接的に経済資本を増大させる手段として捉えてはいないという前提に立つ。

4　象徴資本について

社会学者の多田治は象徴資本について、〝経済資本、文化資本など、諸個人の物質的・客観的な諸特性は社会関係の中で知覚されると、（正負の）価値を与えられ肩書きや身分として流通する象徴資本となる。象徴資本とは、様々な資本が主観的な認識・評価を付加されたもの、知覚カテゴリーに従って認知された資本〟（多田 2017：29）と解説している。象徴資本は、個人が持つ諸資本が表出し、他者に知覚されることによって初めて機能する。旅人においては、出版された旅行記が広く流通し、認知されていること（バックパッカーのバイブルとされている『深夜特急』など）、旅行経験の「語り」が聞かれ評価されること（旅人の間で序列が生まれ権威付けられること）などが象徴資本に相当する。大野は、バックパッカーが必然的に「語り」を要請されていることを指摘しているが[17]、このことは、旅行に象徴資本を増大させる目的が伴っているからであると解釈できる。本研究の著者はバックパック旅行が持つ象徴性の詳しい内実や、また、旅人の世界における象徴権力が帰国後の日常世界においても通用するのか調査を通して検証したい。

1 2.1.4 研究手法に関しての先行研究について

調査対象者の同定―メディア分析と旅行史のなかでの位置づけ

本研究において、「バックパッカー」集団を対象とするにあたり、該当集団の持った性質を把握するとともに、旅行史そして旅行者の全体の中における位置づけを明確にするために、文化社会学の手法に学ぶところがあった。

難波功士は、その著書『族の系譜学』(2007)において、一定の特徴をもった若者文化(ユースサブカルチャーズ)の集団が、戦後において多数、発生し、変遷して、消滅していった過程をカルチュラル・スタディーズの観点から分析した。その著書の中では若者の旅行文化に関しても言及をしている。難波は若者の旅行者に対して、メディアの言説を分析して諸集団をカテゴライズし、時代の流れにおいて前後関係を把握するというアプローチを行っている。例えば、七〇年代の女性旅行者の集団である「アンノン族」[18]を女性雑誌『an・an』、『non-no』との関連性から読み解くことや、国内を長期間にわたって貧乏旅行していた「カニ族」[19]を当時の新聞記事を引用して分析する試みがあげられる。難波の研究手法はメディア言説から〝族〟(一定の価値観を持った集団)が当時の社会でいかに語られたのかを読み解くものである。

さらに、難波(2007)は旅行史上の旅行者集団の変遷に関しても、興味深い事象を提示している。難波は、「アンノン族」の前史として「カニ族」があったとし、「カニ族」の出現はヨーロッパにおける「バックパッカー」の登場と同時、ないしは、それらに先行していたと主張している。

難波の試みは、本研究において、調査対象者の同定(どの旅行者グループに着目すべきで、他の集団から切り分けるか)とその手法、社会背景の把握をするにあたって参考となった。

本研究においては、先行研究およびメディア資料からバックパッカー旅行者の様態を把握する手法について、有馬明恵の著書『内容分析の方法』（2007）を参照した。有馬によれば、内容分析の「対象として想定しているのは、新聞、雑誌、テレビなどのいわゆるマス・メディアから受け手にもたらされる情報」（有馬 2007：1）である。「マス・メディアから発信される情報は膨大であり、その全てを認知し記憶することはできない。内容分析は、膨大な情報を圧縮し、要約された結果に対して解釈を行う試みである」。大量の情報を処理するために条件付けを用いて内容を整理していく。その作業の過程はコーディングと呼ばれる。本研究では、導入部分において、調査対象者を同定するために「バックパッカー」という用語、「年代」という二つの条件を用いて整理を試みた。

2　エスノグラフィックな描写の先行研究

本研究は、「バックパッカー」集団が持つ価値観を軸にして、それを分類し、分析を加えていく。そのため、カルチュラル・スタディーズの研究例を参照したい。

荒井悠介は「ギャル」・「ギャル男」と呼ばれる若者集団に着目し、対象グループの中に自ら参与しフィールドワークをおこなった（『ギャルとギャル男の文化人類学』2007）。研究者の荒井自身も元ギャル男であり実際に活動した経験をもっている。この点は、本書での私も同じ立場である。自ら経験するということは、ある文化を記述する上では重要であり、対象者の把握・分類に効果的である。特定の文化を持った集団を記述する場合には人類学的な手法・エスノグラフィックな記述が有意義となる。本研究でも、私自らのバックパッカー経験により、対象者が持つ価値観がある程度想起されるが、より客観的に対象者をとらえるため、メディア言説と質問票のフェース項目も活用する。

荒井が研究した対象は、「ギャル」・「ギャル男」と呼ばれる集団、その集団に付随するイベントサークル活動、そしてギャル文化を発信するメディアである。研究の導入において荒井は、イベサー（イベントサークル）の起源と変遷について、雑誌・週刊誌を振り返って系譜をまとめる手法で、対象者を同定している。荒井は、参与観察により調査対象者たちの主な行動の価値観、〝「ツヨメ」・「チャライ」・「オラオラ」〟を抽出した。また、その価値観に従っておこなわれるイベサー活動は、しばしば反社会的な行為を伴うものと述べている。

「シゴト」と呼ばれるサークル運営の活動に参加することでメンバーは、恋愛感情の利用、暴力、詐欺といった、反社会的な行為と結びつく経験をする。イベントサークル内では、逮捕されない程度に逸脱的な行動をとることが良いとされていると荒井は述べる。荒井は、それらの逸脱経験は一般社会においても成功するための資本になりうると説明し、〝悪徳資本〟という用語を命名している。

イベサーを組織している若者は、このユース・サブカルチャーへの参与から得られたコミュニケーション・スキルや社会関係資本、さらに〝悪徳資本〟をもとにして、一般社会でも経済的・社会的成功を収め、社会的地位の上昇を果たしてゆく構造が見出される。荒井が提唱する〝悪徳資本〟は、大野が指摘する〝バックパッカーの逸脱的な経験が資源に読み替えられる〟という論考とも共通している。

荒井の先行研究を参照することで、本研究でもバックパッカーの価値観を抽出する必要性が意識された。そこで私は、メディア言説と先行研究、実際の調査において対象者から聞かれた言説を反映させた結果として、バックパッカーが重視する価値観を次の五要素に分類した。「学び」・「経験」・「非日常（逸脱）」・「主体性（選択）」・「語り」である。以上の五つの要素が、本書における分析の主軸となる。

3　インタビューの実施と分析―体験と「語り」、体験と経験

観光社会学者の遠藤英樹は、旅行者の〝観光経験は、実は、最初から〝存在〟するものではなく、「語り」を通して〝構築〟されるものである〟（遠藤 2011：53）と述べている。バックパッカーにおいては、

旅の過程において遭遇した数々の体験が、のちに意味付けられ、〝「経験」として構造化されていく〟と遠藤は述べている。林・藤原が指摘したように、バックパッカーの旅行においては「体感動機」が強い。バックパッカーの即物的そして瞬間的な体験（しばしば身体的な感覚、苦痛、恐怖を伴う）が、のちに整理され再解釈され、経験として翻訳されていく。バックパッキングは主体的に参与される旅行であるため、大衆観光に比べ、より経験への意味付けの側面は強くなる。また、バックパッカー自身による再解釈により、彼らのバックパッカー性は担保されている。さらには、バックパッキングの試みが〝常道から外れる＝tries to avoid the mass tourist route and the traditional tourist attraction spots〟（Cohen1972：174）ことを意図するならば、彼らは他者（他の旅行形態）と差異化を図るために、経験を語ることが要請されてゆく。「語り」そのものがバックパッカーにとって重要な意味を持つことは、大野（2012）も指摘している。

ライフストーリー研究で有名な桜井は、〝語りは、いわば体験をめぐって反省的にとらえられた経験を元にしている〟（2012：19）と述べている。本研究において、バックパッカーの構造を浮き彫りにする際、その機能や類型だけでなく、彼らの「語り」に着目し、個人のストーリーから、現象全体をとらえるアプローチも有効になりえると、私は考えている。

2.1.5　インタビュー調査とエスノグラフィー執筆の実際

『現代エスノグラフィー』（2013）を参照した。二〇一三年の第一回目の調査では、事前に質問を作成し構造化インタビューをおこなったが、調査者の聞き取りたいバックパッカー像を対象者に強く押し付けてしまう結果となった。第一回目の調査時には、著者の「社会からの逸脱行為」という思い込みが強く、そのことを念頭に置いた質問が多かった。実際に、とある対象者からは、「今日は、バックパックの暗い側面を訊きに来たのですよね」という旨の発言を受けた。その反省もあり、二〇一七年の第二回調査では、質問はあらかじめ考えず、対象者と協働して作り上げる、アクティブ・インタビュー[20]を目指した。著者自身もバックパッカーであるがゆえに自身が抱くバックパッカー像が、質問に先行してしまうが、対象者へのその押し付けを極力に排除することが望ましいと考える。先に、仮説設定のためにバックパッカーの持つ価値観の要素を抽出したが、それは著者による恣意的な分類である。そのため、記述するエスノグラフィーも恣意的なものになるが、著者が考えるバックパッカー像に収まらない、彼ら／彼女らの生態を描写したいこともあり、語りがなされた状況、著者によって語りがいかに引き出されたのか、そのプロセスについても明文化していきたい。

2.2　本研究のリサーチクエスチョンと課題

問い：バックパッカーが旅行をおこなう意味は、社会学の観点からどのように考察できるか？

仮説：意図しようとも意図せずとも、バックパッカーは旅行を経験することで、彼ら／彼女らが所有する資本量を変化させている。社会空間での位置上昇を果たすには、文化資本・経済資本・社会関係資本の蓄積、または継承が必要である。旅行者の主体的な非日常空間への参与によって得られた実体験は、これらの資本の獲得と相関しており、旅行後の彼ら／彼女らの社会的位置を変化させていくだろう。しかしながら、諸資本の獲得は大衆観光でも得られる。著者は、バックパッカーがあえて非日常に参入する動機として、前述の三資本の定義に収まらない資本の獲得機会、さらには、三資本に対し補助的に機能する象徴的体験を蓄積する目的が強くあると仮定している。バックパッカー旅行者は、大衆観光において得られない体験を蓄積することを志向している。その志向性こそが、バックパック旅行を他の旅行形態から切り分けるものである。本研究では、旅が個人の諸資本構造に与える影響を分析して、バックパッカー性を描写することを課題とする。

2.3　本研究の動機

本研究の動機は、著者の個人的な経験によるところが大きい。著者は、学部生時代に特にこれといった明確な理由もなく、思い立ったように、バックパックを背負って中国旅行に出た（二〇一一年当時、上海から香港にかけて二週間ほど）。その後も大学の長期休みがあるたびに、東南アジア、インド、中東…と旅行経験を深めていった。[21] 渡航先では自身と同じようにバックパックを背負った数多くの日本人の同輩たちに出会った。様々なタイプの旅人がいたが、お互いに出身出自は違えども、同じく旅を共にしている間には不思議な一体感を持つことも多かった。その一体感を構成する要素が、海外への好奇心であるか、単なる非日常における娯楽の消費なのか、はたまた人生へのモラトリアムであるのか、その時点では明確にならなかった。その〝不思議な一体感があった〟というのが現在の研究へのきっかけである。著者は自身が旅行に出た理由を、同じく海外に出てきた人たちの中に見いだそうとしたのだった。手始めとして学士論文では、長期に貧乏旅行する旅人の系譜を追い整理を試みた。本研究では、観光社会学・人類学の議論に触れた上で、さらなる現代の旅人像の描写をおこなうことを目標としている。

2.4 本研究の意義

2.4.1. 学問に対しての意義

先行研究を振り返って、これまで旅人に関してなされた議論では、メディア言説と関連づけて整理・分類するもの、観光社会学の見地からのアーリによる〝まなざし〟論、さらには、マキャーネルによる真正性[22]の議論を発展・適応したものが主流である。しかしながら、旅人が持つ「資本」に言及したものは少数である（アーリは『観光のまなざし』において、文化資本はブルデューより引用している）。また、旅人の属性に関しても、藤岡（2017）の研究（階級・雇用システムに着目している）や加藤恵津子（2009）の研究はワーキングホリデー渡航者を対象としており、バックパッカーに言及したものは少ない。本研究においては、旅行体験とそれに伴う旅人の所有する資本量の変化、そして付与される象徴性に関して中心的に言及することで、既存の研究蓄積に新しい観点を加えることを目標としている。

2.4.2. 社会に対しての意義

本研究が対象とする「バックパッカー」集団に関しては、かつて一九八〇~九〇年代に、旅人界において彼ら／彼女らを代表するシンボリックな旅行記の出版が相次いだ時期と比べて、そのスタイルをとる旅人の実数も減少し、社会的な影響力は低下している。現在において、長期間にわたって海外を貧乏旅行する若者といえば、時代遅れだというよりは、日本の現実からの逃避といったような低評価を付与されることもあるだろう。二〇〇四年に発生したイラク日本人青年殺害事件に関して取り巻いた言論や、『日本を降りる若者たち』（2007）といったタイトルで書籍が出版されたことからも、それは想像に難くない（著者の下川氏は決してバックパッカーに批判的な論者ではなく、旅人の一部に国外に引きこもる者がいる「外こもり」を描写している）。社会学者の古市憲寿氏が、その著書においてピースボート[23]で〝承認の共同体〟（古市 2010）に引きこもる若者を描き出したのに対し、本研究の著者は、いまだ自らの足で世界を闊歩せしめんとしているバックパッカーに光を当てる。著者は、旅における自己変容、そして、旅人が培った資本が社会に還元される可能性に言及したい。

2.4.3.　自分に対しての意義

本研究の著者は、二〇一一年に初めてバックパッカーのスタイルで旅行に出た。それ以前にも家族と同伴の海外旅行や、海外在住経験も持ち合わせていたが、大学の長期休暇の中で、何かをしなければいけないという観念を抱き、ある日、旅行に出た。その当時、著者は、まだ『深夜特急』も読んでいなかったし、バックパッカーという実践も意識していなかった。しかしながら、繰り返される長期休暇と旅行体験の中で、多くの旅行記やガイドブックを読み、後から追う形で、徐々に「バックパッカー」を身体化していった。著者を旅行に突き動かした動力、そして旅行を通しての自己の変容という観点は、旅行時には省みることもなかった。いま、あの時から約八年経って徐々に客体化できるようになりつつある。この修士論文、および著書の執筆により、自分のバックパッカーの実践を振り返ることで、自分は社会から〝どのように生かされてきたのか〟そして〝どのように生きることを望んだ〟のかを理解できると考えている。

註

9 数枚綴りの回数券の方式となっており、日程・行程を自在に設定できる。

10 周遊ルート上のゲストハウスで欧米人向けに朝食にバナナパンケーキが供されることから。

11 八〇年代よりバックパッカー向けのゲストハウス、飲食店、旅行会社などが軒を連ねるようになった。現在では、クラブやスポーツバーもでき、旅行者ではない現地の若者も訪れる歓楽街である。

12 ゲストハウスや安宿街の通りを歩く日本人に配布し、同意が得られた者にはインタビュー調査を行った。

13 初期の紙面構成では旅人による投書によるホテル・レストラン等の口コミが多数掲載されていた。現在ではライターによる取材内容が増えている。

14 著者によるフィールド調査においても薬物の使用方法やアフガニスタンへの入国方法など、危険を伴う体験や希少な経験が武勇伝として語られる現場があった。

15 大野哲也『旅を生きる人びと　バックパッカーの人類学』世界思想社、二〇一二年、五一―五二頁を参照。

16 社会関係資本という概念の体系化はパットナムに先行してブルデューがおこなっている。

17 大野哲也『旅を生きる人びと　バックパッカーの人類学』世界思想社、二〇一二年、一四八頁を参照。

18 七〇年代～八〇年代において女性の個人旅行者が増加した。『an・an』、『non-no』の両誌において観光情報が特集されたことや、国鉄によるディスカバー・ジャパンキャンペーンが火付け役となった。尾道や津和野といった小京都や清里といった町に観光客が集中した。

19 六〇年代～七〇年代にかけて若年（大学生が中心）が主に北海道などを周遊切符を利用して安価に旅行した。個人旅行のはしりである。カニ族の呼称は横長のキスリングバッグを背負って旅行したことからきている。

20 対象者が語る情報のみから描写をするのではなく、調査者と対象者が共に相互行為を通してバックパッカー像に関して意味付け、物語を構築していく実践を志向する手法・立場である。

21 著者は、本論文の執筆時では三八の国と地域を訪問した経験を有している。最大で四五日間の長期旅行を経験した。

22 マキャーネルはゴフマンの演劇理論を観光現場に適応し、観光地における表舞台そして裏舞台というフレームにより、観光経験における真正性（オーセンティシティー）を議論した。
23 非営利国際交流団体（NGO）である「ピースボートステーション」が企画しているクルーズ船による世界一周をはじめとした国際交流のための船旅。料金が安価なため若者の利用者も多い。

第三章　調査方法

3.1　調査課題への解決姿勢と調査手法

本研究においては、バックパッカーのエスノグラフィックな描写をおこなった大野の研究、そして、旅行動機の分類をおこなった林・藤原の研究を最重要の参考文献とし、バックパッカーの持つ価値観は分類でき、各要素が組み合わさって構成されているという観点に立って、五つの要素を抽出し全体像の描写を試みる。しかしながら、メディア言説との関連を振り返り、バックパッカー旅行は語られることで成立していることを確認した。そのため、観察者が想定したバックパッカー像に押し込めて対象者を描写することはせず、フィールドにおける対象者による語りを重視する。いわゆる言語構築主義の観点に立って、研究を進める。調査手法としては、質問票を用いた量的な側面からの全体像の把握、質的な構造化インタビュー（二〇一三年の調査）、フィールドでおこなった対面式による半構造化インタビュー（二〇一七・二〇一九年の調査）を採用する。

3.2　第一回インタビュー調査について

二〇一三年に八名のバックパッカー経験者に、旅行動機に関するグループ・インタビュー[24]を日本国内にておこなった。そこで聴取されたトランスクリプトデータを本研究でも引用する。本研究における事前調査に相当し、リサーチ・クエスチョン構築の土台となっている。比較的に旅行経験を多く積んだ者によって語られた内容であり、既成のイメージとして世間に流通しているバックパッカー像に近い傾向がある。本研究では、八名の中でも、主に旅行経験を積んだ二〇代後半～三〇代の六名の旅人による語りを、バックパッカーの描写に活用し、追加的に大学生の対象者が語る現在的な旅行の様態を加味する。

3.2.1　第一回インタビュー調査の概要

インタビューの予備調査としてアンケートを実施している。それは対象者の氏名、年齢、性別、職業とともに、これまでの旅行経験を確認するもので、対象者に質問紙に記入してもらう形でおこなった。設問は旅行期間、旅行スタイル、旅行場所、旅行時の年齢である。そこで得られたプロフィールを念頭に置き、あらかじめ作成した質問群[25]から会話の進行に合わせて、その場で質問を選択し聴取した。研究の趣旨と、質問の概要は対象者に事前に通知されており、構造化インタビューである。対象者の選定はインフォーマントの紹介による雪だるま形式[26]でおこなった。質問群の詳細は添付資料を参考されたい。

インタビューの進行では、質問者三名、対象者一名で約五〇分から一二〇分間にわたり、旅行動機を中心に聞き取りをおこなった。おおまかに、(1)調査時までの経歴・(2)出発前の「バックパッカー」に対するイメージ・(3)「バックパッキング」に求めていたこと・(4)社会に対して抱いている感情・(5)「バックパック」の体験を通しての自身の変容・(6)社会への意識の変容・(7)旅行後の社会的位置の変化、などに関連する質問をおこなった。

3.2.2 インタビュー対象者の概要（当時）

二〇一三年の調査では、バックパッカーであると自認する者に対して聞き取りをおこなったため、旅行回数が多く、長期間にわたる旅行経験を持つ者が目立った。さらには、ゲストハウスのオーナーなど自身の旅行経験を活かした社会参入の形式をとっている者も見られた。次に対象者の概略について記述する。

101：四〇歳。男性。旅行経験多数。大学卒業後、地方銀行に就職するも三年ほど勤めた後に辞め、一年三ヶ月間に渡りユーラシア横断旅行を実施する。初めての旅行は大学の卒業旅行でありオーストラリアへ一ヶ月間であった。ユーラシア横断後は二年ほどのスパンで転職を二回経験している。その後、司法書士の資格取得を目指すも断念し、再度、アジアへ五ヶ月間の旅行に出る。現在は日本国内のゲストハウスオーナーをしている。

102：三七歳。男性。大学在学中から映像関係の専門学校とダブルスクールし、卒業後は映像作成会社に入る。三年間ほど勤めたが辞めて、バイクによる一年二ヶ月間ほどの世界一周旅行に出る。現在はゲストハウスのオーナーである。

103：三四歳。男性。大学在学中にシベリア鉄道に乗車しヨーロッパまで行く。その後、アジア横断旅行に興味を持ち、二八歳の時、派遣社員を退職し、九ヶ月間の旅行を実行する。現在は、実家の自動車販売業に従事している。

104：三四歳。男性。大学卒業後、札幌のギャンブル関連機材メーカーに勤務する。三三歳の時に退職し、インタビュー時点では、世界一周旅行の途中であり、日本への一時帰国中であった。翌年まで旅行を継続し、帰国後は実家の家業を継ぐ予定である。

105：二〇歳。男性。横浜の私立男子高校出身。大学三年生で世界一周旅行に出かける。母が英語の教師であり海外事情を窺い知る機会はあったが、初めての海外旅行は高校の修学旅行。高校二年生の時に手にした世界一周旅行ガイドブック[27]に影響を受け、主に写真などに惹かれ世界一周を志した。

106：二三歳。女性。公立大学四年次に在学中。岐阜県在住。翌年から、大手証券会社の総合職に勤務する予定。高校時代から現在にかけて多数の海外旅行経験がある。大学を一年間休学し、アメリカ・イギリス両国に三ヶ月間ずつ語学留学した。バイト経験が多数ある。サークル活動はしていない。

107：三四歳。男性。東京の私立大学卒業後に就職。東日本大震災の時、会社との反りが合わず退職した。次に就職する会社の予定あり。二〇一三年、夏の中東旅行において著者と知り合う。趣味はサーフィンであり、二〇歳の時にバリ島に行き、パッケージ旅行以外の旅行の面白さに気づいた。最初のバックパッキングは、旅人のブログを見て参考にしたり、世界一周を扱う旅行代理店[28]が開催するセミナーに参加したりしたが、ほとんど準備をしないで旅行に出発した。

108：二八歳。男性。奈良県出身。高卒。フリーター。大学でしたいことが無かったため、高校卒業後に就職し、働いている時に友人がタイに行くという話を聞く。海外に行くという発想自体が無かったが、個人でも行けるということに惹かれ、ＨＩＳ店舗で片道航空券を手に入れ、二〇〇九年に単身軽装にて台湾を経由してマレーシアに入国をする。

3.3　第二回インタビュー調査・フィールド調査について

本節では、二〇一七年二～三月に東南アジアにておこなったフィールド調査について記述する。

3.3.1　第二回インタビュー調査の概要

二〇一七年二月八日から三月一六日までの約五週間にわたり、東南アジアの四か国（ベトナム、ラオス、カンボジア、タイ）で調査を実施した。先の第一回調査では、バックパック旅行経験者八名に日本国内で面接を実施したのに対して今回の調査では、バックパッカーが旅行を実践している現場に赴き同行することを主目的とした。国内調査では、対象者一名に対峙する形をとったが、今回は複数人の対象者が共在している場に参与する機会を多数回得た。調査方法として、日本人旅行者が多く集まるゲストハウス（バックパッカーの間では日本人宿と言われる。シエムレアプではタケオゲストハウス、バンビエンではチャンタラゲストハウスなど）に投宿した。そして、宿の共有スペースで旅人との交流、さらには、個人バックパッカーが他の旅行者を募って開催する現地発のアクティビティに参加するなどした。そうすることでグループ単位の活動や、対象者間の相互的な関係性の様相を観察できた。グループへの参与は、対象者との信頼関係を構築することに寄与し、対個人の面接の実施を容易にした。

対象者にアプローチし、調査を開始する際のきっかけを作ることも目的にして、「旅行体験に関するアンケート」と称した質問票[29]を用いた。長期個人旅行者が多く集まり、バックパッカータウン（backpacker enclave）と呼ばれている、ラオスのバンビエンやルアンプラバン、カンボジアのシエムレアプといった町で知り合った旅行者に配布し、その場で記述・回答してもらう形をとった。調査拠点の特性と質問票の形式上の理由からアンケート調査では、対象者は、移動しながら旅行をしている者に限られた。これは、大野の分類している「移動型」に相当する旅人である。移動を頻繁におこなわない、一箇所に長期滞留している旅行者「沈没型」に対しては、別途、数名に聞き取りを実施した[30]。質問票は、Ａ４用紙一枚で内容構成は三つのパートから成る。それらは、①調査を進めるにあたり把握が必要となる、氏名・住所・年齢・職業など、対象者の属性を問うフェース項目。②旅行期間や予算など、対象者の旅行の全体像を把握するための質問群。③旅行の動機などを問う、対象者が自由に回答を記入する質問群である。質問票の作成にあたっては、二〇〇六年と二〇〇七年に社会学者の須藤廣が東南アジア各地のゲストハウスにて実施した調査をもとに執筆した論文（須藤 2008）を先行研究として参照した。須藤の調査は、旅行者を量的に分析することに力点を置いているが、本研究の調査では質的側面に力点を置き、対象者が自由回答する質問を増やした。アンケートは合計二八名から回答を得ることができ、そ

バンビエン・チャンタラゲストハウスのラウンジ

の内の九名に対して回答に基づいた面接をおこない録音した。面接は、アンケート回収から対象者と複数日にわたり行動を共にした後に実施した。時間は約一五分から三〇分で質問票への回答をさらに掘り下げて訊く会話形式に近い半構造化インタビューである。質問票のフェース項目を整理した上で、二〇〇四年の林・藤原の研究に留意し対象者の「精神的動機」・「体感動機」をなるべく聞き出すことに注意した。

3.3.2　第二回インタビュー調査の質問票フェース項目への回答概要

二〇一七年の調査で質問票によりデータが得られた対象者の属性の概要をフェース項目への回答を基に次に記述する。性別は二八名中、男性が一九名、女性が九名である。年齢は、二〇代が最も多く一九名、三〇代がそれに続き四名、一〇代が三名、六〇代が二名であった。日本での居住地は、関東圏が最も多く一六名、関西圏が五名、沖縄県が三名[31]、福岡県が二名、未記入が二名であった。職業は、春休み期間中の調査ということもあり、大学生が大半を占めており二十一名。他に個人事業主として、ウェブデザイナー、CG製作者、カメラマン、美容師、ゲストハウスオーナー等が挙げられた。六〇代の二名は共にリタイアしており、現在は定職に就いていない。六〇代の一名の男性は、一年の内、半年間は東京都内に在住し、他方の半年間はカンボジア・シエムレアプのゲストハウスに長期滞在している。配偶者があると回答した者は全体で二名であった。収入に関する質問は未記入が多く、有効な回答を得なかったが、学生の内一二名が現在アルバイトに従事しており、一〇〇万円未満の収入があると回答した。

　次に、対象者の旅行の全体像について記述する。旅行期間に関しては、最短の者で一四日間、最長の者で一〇〇日間にわたっていた。二九名の平均値では、約三〇・五日間となった。学生の旅行では、大学の長期休暇を利用して四週間前後の日程で東南アジアを周遊的に観光するパターンと二週間前後でタイ・カンボジアなどの二か国をめぐるパターンに大別できた。また、個人事業主の者では、二〜三か月の旅程でオーストラリアやインドネシアなどの近隣諸国から東南アジアへ流入または、流出する旅行経路をとるパターンが目立った。旅行全般に必要とした総額予算を問う質問に関しては、最低値の者が七万円、最高値の者が五〇万円というように大きな開きを確認することができた。平均値では一七万円程となった。学生では一〇～一五万円と回答する者が多数を占め、一部の個人事業主の者が比較的に高額予算で旅行していることが明らかとなった。旅行をしている人数（同伴者）を問う質問では、一八名の者が回答時に一人であると回答した。個人旅行の他には、二人組の学生が三組と四名の学生グループが一組であった。四名グループの者たちはルアンプラバンの目抜通りにある屋台街にて取材をしたが、「学生国際協力団体ＳＩＶＩＯ[32]」という団体に所属しており、ラオス北部の小学校へボランティア活動に向かう前に観光をしていると述べた。一人で旅行している者のうち、二名は旅程の途中から同行者と別れて単独で行動するようになった者である。ラオスのバンビエンにて取材した一人の男子学生は、旅程の初めに学生の海外旅行を支援する「タビイク[33]」という団体が催行したツアーに参加し、タイ・カンボジア・ベトナムの三カ国を他の学生参加者と共に周遊した後に離脱して、一人で旅行していると述べた。二〇一七年の調査においては、カンボジアのシエムレアプやバンコクのカオサンロードなどで複数名の「タビイク」参加者が確認できた。これまでの海外旅行の経験回数を問う質問においては、初回の海外旅行と回答した者は全体で二名のみであった。学生でも複数回の海外旅行経験を持つものが大多数であった。それらの経験には、修学旅行やボランティアツアーへの参加がみられ、一部には過去に個人旅行を重ねていた者もいた。三〇代以上の場合は概して十数回以上であり、海外在住経験のある者も一名、含まれた。対象者の旅行経験から、初回の個人旅行の地域では東南アジアが選ばれることが多いことが明らかとなった。

3.3.3 質問票の自由回答質問の回答概略

①全体の旅行計画において、旅行経路（訪問地を巡る順番）を訊く質問

次に示すような経路が見られた。Aタイ↓カンボジア↓ベトナム↓ラオス↓タイなど、タイを起点として周遊するもの。Bタイ↓ラオス↓ベトナム↓カンボジア↓タイ↓ミャンマーなど、タイを起点に周遊した前後に近隣国を組み合わせるもの（タイとミャンマーは陸路で移動できない[34]ため空路による）。Cベトナム↓ラオス↓カンボジア↓タイなど、一方向で起点と終点が異なる経路。Dバンコク（タイ）↓シェムリアップ（カンボジア）↓バンコクなどタイを起点に同経路でピストン移動するもの。三月におこなった調査であったため、大学生によるタイを起点に東南アジアだけで完結する旅行計画が多数を占めた。今回の調査では世界一周などの超長期型の旅行者には出会わなかった（世界一周の旅行者は、四月から旅行を始めることが多く、東南アジアを夏頃に通過する傾向にある）。

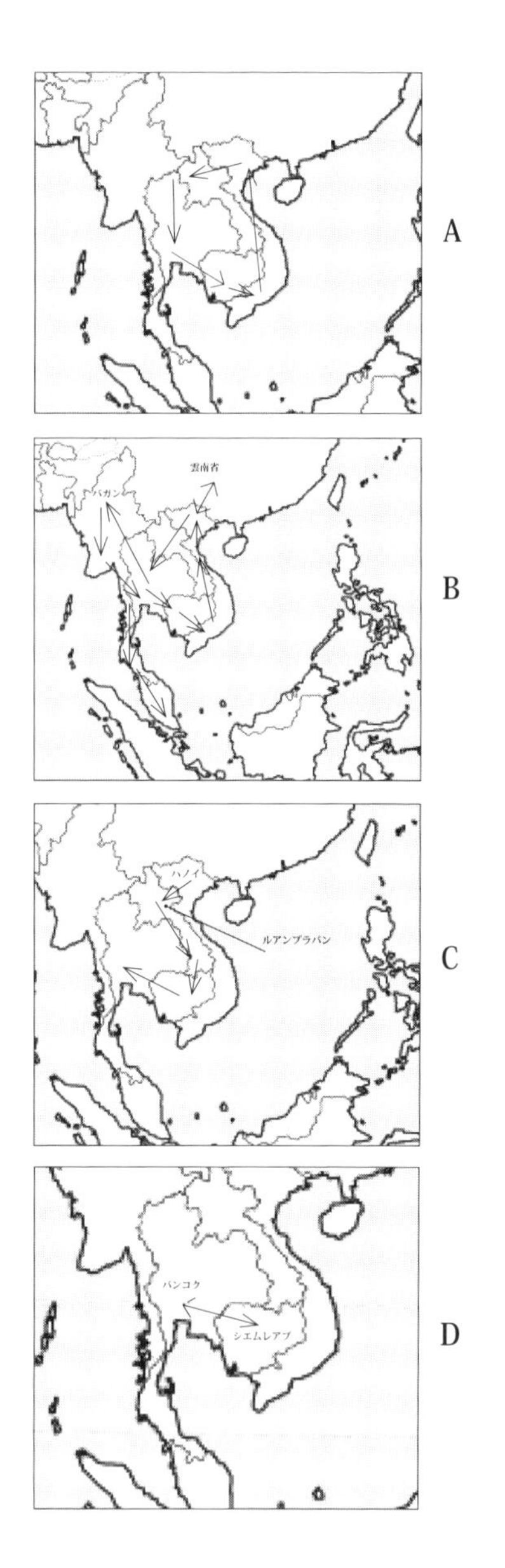

②旅行の動機について訊く質問

「純粋なる興味」・「知らないことを知りたかった」・「本当にやりたいことをやろうと思ったから」・「色んなことを自分の目で見たかった」・「ラオスにまた来たいと思ったから」・「春休みが長いため」・「海外に行ってみたかった」・「東南アジアに興味があったから」・「海外に興味があったため」・「アジアを旅したいと思っていたときに、友人に誘われた」・「高校生の時から途上国に興味があって、そのきっかけも、なにかとカンボジア関連のことだったので」、「自分でいつか実際に行って見たいと思っていたから」・「卒業旅行」・「社会人になってしまったらできない体験を今のうちにしておきたかったから」・「卒業前にまとまって旅をしたかったから」・「自分と向き合う時間が増えるから」・「誘われたから」・「なんとなく」・「初めての訪問国だから」・「ビザ、税関、差別の廃止、世界最低賃金の確立を目指す」・「世界革命のため」・「holiday」・「十年前にお世話になった友達にご飯をご馳走したかった」・「今しかできないから」・「日本が寒い時期に暖かい場所に逃げたいから」・「行ってみたい場所だったから」・「ラオスに行きたかったから」・「一人で海外の文化に触れたかったから」・「社会人になる前にできることをしたかったから」・「面白そうやから」・「卒業旅行かつ東南アジアに興味があったため」・「刺激を求めて」・「今までやったことのないことに挑戦してみようと思ったから」・「世界遺産が好きだったから」・「海外の異文化に触れる」・「海外の人たちと接したい」・「いろんな国に行って現地の文化を感じたいと思ったから」・「特になく旅がしたかったため」

質問票の記入項目を概観して、明確な目的の記述例は少数であった。対象者は、短文による回答、そして抽象的に自身の嗜好や、環境的な要因を表現した。大まかに分類して、「見聞動機」といえる、海外への好奇心。自身で物事を確かめたい。また就職等を控えた環境変化の節目の旅行といった傾向が見て取れる。林・藤原が分類した七項目の旅行動機に相当する動機が語られたが、「精神的動機」は、質問票調査では少数しか記述されなかった。[35]

③訪問国の観光情報を得た媒体を訊く質問

「ネット（複数）」・「地球の歩き方（複数）」・「友達」・「体験者に聞いた」・「先輩」・「友達」・『ガイドブック』「web での情報」・「口コミ」・「前回の経験」・「ロンリープラネット」・「情報なし」・「インターネットとゲストハウス」・「知人」・「旅先で知り合った人」・「去年に行ったタイ旅行で知り合った人々」・「旅友達」・「訪問国で出会った人」

インターネットから情報を取得した者が顕著に多く、一八人から回答を得た。ガイドブックでは、『地球の歩き方』の利用者が多く、少数の者が洋書である『ロンリープラネット』[36]を挙げた。ウェブメディア、雑誌等の紙媒体のメディアからの情報取得が目立ったが、依然として、人を介した情報や現地で得た情報も有効に活用されていることがわかる。

④旅行において求める体験を訊く質問

「自分が面白いと思うこと」・「非日常体験、一期一会、生き方」・「日本ではできない体験」・「異国の人と繋がる」・「色々な場所を訪れたい」・「色々食べたいです」・「そこでしかできない体験」・「非日常を体験する」・「様々な人と出会い学ぶ」・「ありきたりだけど日本国内だけではできない体験」・「非日常的な体験」・「東南アジアにおける衣食住を知る（主に食）」・「発展途上国における成長の様子を肌身で感じること」・「現地の食」・「外国人との関わり」・「日本で経験できないこと」・「現地生活」・「見たことない景色や文化」・「人たちに出会う」・「文化的自然的な感動」・「（特に日本人）観光客が少なく、しずかなところを求めて」・「マリファナ」・「交流」・「アウトドア」・「現地人と交流」・「新たな発見」・「その場と気分で基本考えてます。自分で行きたい所、やりたい事があったらそれはスケジュールに入れます。」・「新鮮なこと」・「非日常、出会い、刺激、話のネタ＋就活に活かすため」・「地元食を食べたり観光地を見てみたい」・「非日常」・「優先的に観光地を訪れて、自分の目で確かめること。また、自分で立てた計画が上手くいったときの達成感。現地での出会いも大切にしている。」・「シゲキ」・「今までしたことのない体験」・「わくわくする体験」・「日本ではできないこと。」

バンビエンで川遊びのアクティビティに励む
バックパッカーたち

概観して、旅行動機を訊く質問と回答が相同している部分があるが、体験を訊いた質問の方が、より具体的に内容が語られた。大まかに、林・藤原の分類における「見聞動機」、「体感動機」が語られ、旅行動機を訊いた場合よりも、「交流動機」が顕著に多く語られていることが確認できた。自己完結的な旅行ではなく、現地における積極的な交流に即した旅行体験がバックパッカーでは求められていると考えられる。

⑤旅行体験についてSNSに投稿しているか訊く質問

二九名中一六名がしていると回答した。「Twitter」、「Facebook」、「インスタグラム」のSNS[37]が挙げられた。「新しい国に入る時に」、「到着時と出発時だけ」など旅行体験を部分的に低頻度で投稿している傾向が明らかとなった。

⑥対象者が旅行体験について、今後の人生においてどのような影響を与えると考えているかを訊く質問（役に立つか、役立てようと考えているか聞いた）

二七名の者が、今後の人生における旅行体験の影響を肯定的（有効に活用できる）に捉えている。短文での回答（「はい」、「役立つ」）などが目立ったが、より内容に踏み込んだ回答として次のようなものがあった。

> 「多様な価値観を得ることで良い方向に役立つと考えている」・「ヨーロッパのバックパックの経験が話のネタにもなり就活に活かせたから」・「全ての事は、何かしら自分の血と肉になっているでしょうから、そう思います。具体的にこれだ！というのは考えていません。」・「仕事にもろ役に立ちます」・「見聞が広がるから」・「様々な人や文化にいやでも触れるため、タフな精神力がつくと思う」

概観して〝話のネタ〟、〝仕事に役立つ〟や〝タフな精神力がつく〟など、バックパッカー当事者が、旅行体験を人生の将来において資源として活用できるととらえていることがわかる。

⑦「バックパッキング旅行」についての認識（イメージ）を訊く質問

「したい人はすればいい」・「日本人なら一度はバックパックを背おって旅してほしい」・「楽でいいと思う」・「大変そう」・「すごいと思います」・「大変だけど楽しいと思う」・「コストを抑えることができていい経験になる」・「低予算、自由、楽しい。普通の観光旅行とはまた違う雰囲気。」・「なぜもっと早くからやってみなかったかと後悔している。周りにも勧めたい。」・「ツアーより過酷だが、ツアーよりディープな世界を知れる。」・「現地破壊」・「経験して損はないと思う」・「自由に移動できて比較的に安くできる」・「危ない事もあるがボーっとしたり、何もしないでいい楽な状態に身をおけるもの」・「大人になってもバケーションの別に勉強として一年に一回はいきたい」・「値切りすぎは疲れる」・「良い経験になると思います」・「気軽」・「良くも悪くも経験にはなる」・「自由に楽しんでいるので良い体験です」・「自分の気の赴くままに旅ができるので良いと思います」・「とても良いと思う。自分の行きたいところに行き、やりたいことをする。そこでの出会いも興味深い。バックパッカーといっても人によって旅の特色が異なるところもおもしろい」・「ワクワクがたくさんつまっている」・「自分で全てやらないといけないので大変だし、危険。だけど達成感がある。」・「気軽にコミュニケーションが取れるので良いと思う。」

バックパック旅行を、〝普通の観光旅行〟、〝ツアー〟と対比させて認識している回答が見られた。対比軸とされている基準は〝予算〟や〝自由〟の度合い、旅行における主体性（自己決定）等である。〝学び〟・〝経験〟といった識別も確認できた。さらには、〝楽・気軽〟しかし、〝大変そう・過酷〟といったように相反する認識が同時に語られていることがわかる。

⑧対象者が旅先で出会った旅行者と今後も関係を持つかどうかを訊く質問

二九名中二一名から今後の交流について肯定的な回答（交流を持つ）を得た。殆どが「はい」・「持つ」の短文での回答であった。[38]

3.3.4 インタビュー対象者の概要（当時）

大学の春期休暇中にあたる時期に行った調査であるため大学生が多く、また東南アジアという地域性から、旅行経験が浅い者が含まれた。次に対象者の概略について記述する。

109：二三歳。男性。大阪府出身。大学四年次に在学中。卒業後に大手証券会社で勤務する予定。卒業旅行として三〇日間の予定で東南アジアを周遊中。海外旅行は三回目である。旅行体験を将来、話のネタにできると考えている。

110：二一歳。女性。京都府出身。京都の私立大学の二年次に在学中。夏期休暇で四七日間かけて東南アジアを周遊中。海外旅行は二回目である。前回はＮＧＯ団体が主催するカンボジアでのボランティアツアーに参加した。

111：二三歳。男性。福岡県出身。地元の私立大学の四年次に在学中。卒業旅行として三一日間の行程で東南アジアを周遊中。海外旅行は三回目である。卒業後は関東の電気機器メーカーで勤務する予定。

112：三一歳。女性。福岡県出身。未婚。職業は美容師である。一〇〇日間の予定で、オーストラリア、インドネシア、東南アジアを旅行中。過去に一年間、カナダにおいてワーキングホリデーの経験がある。海外旅行は、約三〇回目。

113：二四歳。男性。埼玉県在住。都内私立大学、大学院の修士二年次に在学中。幼少の頃から大学にかけて、部活動でサッカーに勤しむ。大学院ではスポーツ社会学を専攻している。今回が初めての海外旅行で三週間かけて東南アジアを周遊する。社会人になる前の旅行と述べている。卒業後は都内でクレジットカード会社に勤務予定。

114:三二歳。女性。都内在住。職業は自営業でウェブデザイナー。以前は会社勤めでプログラマーをしていた。今回の旅行は、二ヶ月半かけて東南アジアを周遊。海外旅行は二〇回目である。結婚の予定があり、今しかできないと思い一人で長期間の旅行に出た。

115：二二歳。男性。大阪府在住。大学四年次に在学中。今回の旅行は一〇日間でタイとラオスを周遊。今まで大学の長期休暇の度にバックパック旅行を繰り返しており、中東、南米、インド等にも行った。今回は七回目の海外旅行である。

116：二〇歳。男性。東京都在住。都内私立大学、二年次在学中。今回の旅行は二八日間で東南アジアを周遊する。旅の初めベトナムとカンボジアでは、バックパッカースタイルの旅行を支援する日本人ツアーに参加していた。以前にボランティアでマレーシアを訪れたことがあり、五回目の海外旅行。

117：三三歳。女性。沖縄県在住。既婚。職業は沖縄県の離島において夫婦でゲストハウスを営んでいる。今回の旅行は、一ヶ月間の予定で、初め家族でタイを旅行したが、途中から離脱して一人で東南アジアを周遊中。一〇回目の海外旅行である。

118：二二歳。男性。東京都在住。都内私立大学三年次に在学中。今回の旅行では119を誘って、東南アジアを旅行。バックパック旅行の経験が複数回あり、インドなどにも行った。家族旅行で海外に複数回、渡航したことがある。

119：二一歳。男性。東京都在住。都内私立大学三年次に在学中。今回の旅行は二八日間の予定で東南アジアを周遊。三回目の海外旅行でバックパッカースタイルは初めてである。同級生の対象者118にバックパック旅行の面白さを聞き、実行することにした。旅の途中まで119と行動を共にした。

3.3.5 『情報ノートNo.3 CHANTHALA G.H』における語りの考察について

質問票・インタビュー調査実施地の一つである、ラオスのバックパッカーが多く集まる町、バンビエンの日本人宿「チャンタラゲストハウス」に設置されている情報ノートの記述内容に関して考察する。情報ノートには、旅の感想、宿泊・交通・アクティビティの情報案内、体験談などが口語調で記述されている。旅人は制約を受けることなく自在に記入することができ、他者の投稿への追記・返答など、ノートを介しての交流もおこなわれている。[39] 投稿者に面接することはで

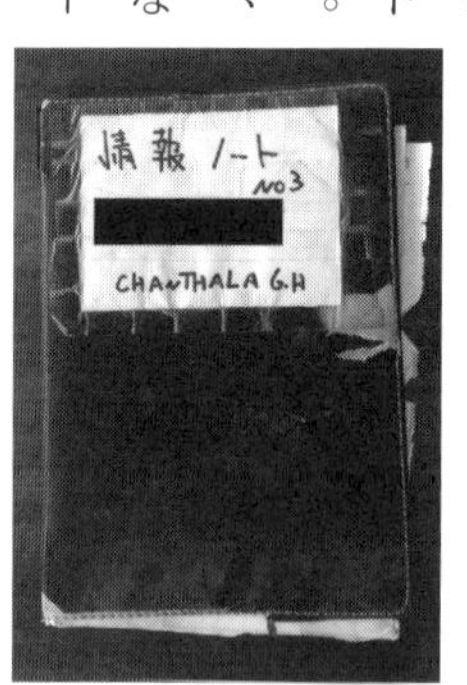

チャンタラゲストハウス
情報ノート N0.3

きないが、本研究ではその記載内容を旅人自身によって語られた内容として、インタビューのトランスクリプトと同等に扱い、バックパッカーを描写することに活用したい。

3.4　第三回インタビュー調査について

二〇一九年八月一九日に、ネパール首都カトマンズにあるゲストハウス街として知られるタメル地区にて、一名の日本人大学生に対し旅行動機を問うインタビューを実施した。カトマンズは古くよりバックパッカーたちの間では、インドのゴアやアフガニスタンのカブールと並び、聖地[40]と称されている場所である。インタビューの様式は、第二回の東南アジアにて実施した際の質問票を使用し、適宜、回答にしたがって質問を深掘りしていく半構造化インタビューである。ホテルのラウンジにて三〇分程度の聞き取りをおこなった。対象者への接触方法は『地球の歩き方・ネパール編』の誌上に、経済的な日本人バックパッカー向けの宿として紹介されている「ホテル・プレジャーホーム」に投宿し、ホテルオーナーに日本人の宿泊者を紹介してもらう形式をとった。この面接は本研究の後半段階にあたる時期に実施している。著者の中では、過去に複数人への聞き取りを実施した経験から、現在のバックパッカー像の認識が固まりつつあった。そのため対象者には比較的自由に制限やバイアスを与えることなく、自己分析を促し自身の言葉で語ってもらうことに注力した。次に対象者の概略について記述する。

120 : 二一歳。男性。愛知県在住。名古屋の私立大学三年次に在学。今回の旅行は一〇日間の予定でネパールを周遊予定。二回目の海外旅行であり、一人では初めて。自分を変えたいと思い一人で旅行に出るに至ったが、初日に宿泊した宿のオーナー（旅行会社を経営）に五〇〇ドルでツアーを組まされる。トレッキングやエレファント・ライディングに参加予定。

註

24 質問者三名（最大時）、対象者一名でおこなった。

25 詳細な質問内容は付録の質問票（一七二頁）を参照のこと。

26 多くのバックパッカー経験者は、旅行中に知り合った他の旅人を紹介してくれた。最初のインタビュー対象者は著者と全く面識がなかったが、都内のゲストハウス経営者にアポイントを取った。

27 世界一周堂、地球一周コミュニティ『世界一周航空券 Perfect Book』朝日新聞社、二〇〇六年

28 旅行会社「世界一周堂」。https://www.sekai1.co.jp

29 詳細は付録の質問票（一七三頁）を参照のこと。

30 聞き取り内容は本研究での考察には引用していない。

31 近年、那覇からバンコクへとＬＣＣ路線が新設された影響が考えられる。

32 https://www.sivio.org/sivio

33 https://tabiiku.net

34 二〇一七年の調査当時の状況である。現在では複数ポイントの国境が外国人に対して解放されている。

35 短時間で行う質問票調査においては記述することが難しく、インタビュー調査にて聞き出すことができると考える。

36 英語で出版される旅行ガイドブックで世界最大のシェアを誇る。約一二〇カ国、六〇〇のタイトルを数える。一九七三年に出版された創業者夫婦のユーラシア横断旅行を著した旅行記が起源である。

37 以前では、ブログやミニブログとして「Facebook」に旅行の模様を投稿する者が多かったが、より近年の若年層では「インスタグラム」への投稿比率が高まっており、内容は写真に重点が置かれている傾向がある。

38 過去の旅行で知り合った旅人と現在も定期的に会ったり、オフ会をしていると答えた対象者は多かった。

39 バックパッカーが一つの文化として成立することを仲介するコミュニケーション・メディアの性質が見られる。

40その他にも、モロッコのマラケシュやインドのバラナシ、タイのバンコクなど聖地と呼ばれる場所は複数存在する。

第四章~八章では、バックパッカーの行動基軸を五つに分類して得られた「学び」「非日常」「主体性」「経験」「語り」、それぞれの軸ごとに、質問紙調査、インタビュー調査から得られたデータをもとに、社会学的・人類学的な考察の観点を導入し、分析を加えてゆく。

第四章 「学び」

本章において検討する「学び」は、しばしば当事者の語りや質問票への記入においてワーディングされた。[41] そのためバックパック旅行体験の重要な一要素として考察するに値する。

4.1 知らない世界を知りたかったから

旅行動機の一つに「見聞動機」があることを林・藤原の先行研究で確認した。116は、高校生当時の修学旅行での体験をきっかけに、自身の知らない世界が多くあるという「気づき」を得た。そして、より自身の好奇心を満たす手段として、自らの旅行スタイルをバックパック旅行へと深化させた。

116:きっかけはー、えーと、そうですね、高校二年の修学旅行でマレーシアとシンガポールに行ったんですけど、マレーシアでホームステイをしたんですね。一泊。で、そのホームステイしたところが玄関の扉がないし。で、泊められたところ、泊まった、あのー、あー、寝床ですね、寝床。もう、虫が飛び交ってるようなところで、ま、それで、食べる時も、なんか、よく分からないイノシシの肉みたいなのが、後で、たぶん、それ食わされて、なんか、自分の知らない世界がこんなにあったんだなて、思ってて、で、その時に、あー大学なったらバックパッカーしようとは思ってましたね。

著者：自分の知らない世界を知りたいですか？

116：知りたいですね。興味あります。

著者：それはなぜ知りたい？

116：知らないからですね、その、本当に、バックパッカーとか、旅をしない人は、別にそれはなんだろ、写真とかで見ればいいじゃんとか、そんなの、あると思うんですけど、自分は自分で。自分の目で見たかったので、本当に例えば、あの、カンボジアでは現地の小学校知ったりしたんですけど、ま、現地の子がどういう風に、暮らしてて、あと、実際なんだろ、カンボジアとかは、たぶん、学校建設とか、やっぱり、その、貧しい人の国なので、なんか、不幸。子供達はみんな不幸なんじゃないか、みたいな、っていう意見もあったんですけど、友達と行った時に。でも行って見ると、実際、子供達が幸せそうに暮らしてるっていうのがわかったから、ま、それも、行ってよかったなて思う。

116は知らないからこそ、知りたいと述べる。彼の言う好奇心は、自分で確かめたいという欲求と関連している。そのため、彼は現地を自分の目で見たいと考え、その手段としてバックパック旅行をした。写真などメディアを介して伝えられる（自身の主観ではないフィルターを介した）情報の取得よりも、自身で現場に行って知りたいという動機があると彼は語る。その際にバックパックというスタイルは現場の細部にまで入り込める有効な手段として機能する。バックパック旅行は、ツアー旅行よりも旅行環境の「意外性」・「実際性」に触れる機会が多く[42]、そのことが旅人にとっての一つの魅力となっている。次項目で

は好奇心と深く関連している身体感覚について検討していく。

4.2 肌で感じて学ぶ

質問票調査の回答やインタビュー内においてバックパッカーの旅行体験が、しばしば〝学び〟という表現によって当事者から語られることが確認された。また、同時に〝刺激〟というキーワードが、頻繁にそれと関連づけて語られている。

著者：なるほどわかりました。なんで新しい経験をしたいと思いますか？
I13：やっぱり、ま、体験するっていうことは学びみたいに思ってるので、なんていうかな、教科書読んでラオスのこと知るよりも、ラオスに数日間いた方がラオスのことを肌感で感じてることがあると思うから、やっぱり体験するっていうのは良くも悪くも学んでいることだと思うので。だからまあ体験を欲しているという。

I13は、旅行を経て得た経験を学校教育のシステムにおける学びと照らし合わせて認識している（教科書を例に出して）。バックパック旅行は、正規の教育課程外における体験であるが、そこから得る学びを、あたかも正規の延長線上にある体験かのように語る。また、それは教科書的な学び（権威づけられたフィルターを介して与えられる学び）ではなく、肌身で感じるなど自身の五感にもとづく体験を重要視していた。このことは、著者の質問にI13が〝経験〟を〝体験〟と言い換えていることからもわかる。さらには、悪い体験（事件・事故、またI13が旅行中に大麻を吸引していることから、逸脱的な体験も含まれる）

も学びとして肯定的に転換されていることが分かる。バックパック旅行は、非正規の（身体性を伴った個人的な）学び[43]という意味合いをもっている。

著者：旅行体験で刺激を求めてるって書かれてますけど、刺激ってどんなんですか？

I13：刺激、まあちょっと学びに似てると思うんすけど、新しいもの出会うみたいなことが一番、多分刺激を言い替える言葉で適切かなみたいなのは思ってます、というの、うーんなんだろな、単純に知らないこととか新しいものに出会う時ってワクワクするじゃないですか。ワクワクドキドキします、まあ、もちろん恐れみたいなものもあるんですけど、知らないものに出会うっていうのは、である程度の安全が確保されててその、なんだろ、そういう、そういう状況だったら新しいものに出会うっていうのは結構ワクワクドキドキするものだと思うので、そういったものがある意味、自分の中で刺激みたいな感覚になるのかな。

I13は、リスクを消費する行動をする際、ある程度の安全が確保された状況下で、ということを強調している。大野（2012）の研究でも、バックパック旅行におけるリスク消費行動が商品化されていると述べられているが、I13の語りからもその様子が確認できる。I13もまた、バックパッカー向けに整備された旅行ルートをたどり、旅人が集うゲストハウスを利用しているからである。それらの環境では金銭と引き換えに〝知らないこと、新しいこと〟、そして安全と、適度にコントロールされたリスクが提供される。彼の行動様式は、荒井（2009）が指摘する若者が逮捕されない程度の逸脱行動をとることに価値を置く点とも共通する。I13は、リスク消費によって得られる刺激（身体感覚を伴った情動）を学びと言い表している。バックパッカーの世界では、自身の体を張って取得した刺激＝学び（のちに象徴性を帯びた文化

資本に転換される）が価値を持っている。次は、バックパッカーが学びを得るために利用している教育課程に着目していく。

4.3 「タビイク」というバックパッカー支援プランに参加しました

バックパッカーの旅行においては、常道（大衆観光）から外れたスタイルにより自力で非日常の空間を旅することが理想とされるが、旅行者は往々にして、権威づけられた既成のガイドブック『地球の歩き方』や、先行者がもたらした情報などを参照しながら旅行している。

著者：現在の訪問国の観光情報は何で知りましたか？

116：えー、そうですね、自分はー、えっとー、その、ま、ちょっと、先にお話ししてることだったと思うんですけど、タビイクっていうプランがあったと思うんですけど、もともと、最初の一週間はタビイクというプランで残り二週間は一人旅でしたので、あのー、タビイクの時は団体行動でしたので、あのー、タビイクの、えーと、バンコクは、『地球の歩き方』を持ってました。で、『地球の歩き方』を頼りに、例えば、どこ行くには、この地図ではここにバス停があるからとか、やっぱり、『地球の歩き方』で知りましたね。で、それ以降は、あのー、主にネットですね。

116は、バックパック旅行を志していたが、初めての体験でもあったことから旅程の最初の一週間を「タビイク」という、個人旅行者を支援し、旅行方法を教授し、各種サポートを提供している団体ツアーに参加した。「タビイク」のホームページ上では、〝旅の練習から始まるバックパッカー初心者向け企画〟、

さらには〝「旅がしたい。」だけど、不安で一歩が踏み出せない。私達は、そんなあなたを応援します。2019夏のタビイクは魅力的なコンテンツを含むプランを多数ご用意させていただきました。〟[44]というコピーを銘打って参加者を募集している。万全のサポートと教育課程が用意されるツアーにおいて、本来リスクを伴いながら自力での旅行を本旨とするバックパック旅行が、疑似体験されている。ここに見て取れる事象は、本来あるべき姿のバックパッカー思想の反転と、大野の指摘する商品化されたバックパック旅行（〝魅力的なコンテンツ〟）である。今日では非正規の〝学び〟は、正規課程の「学び」の文脈に回収されていることがわかる。次は116が考える、「あるべき」バックパッカー像について着目してみよう。

4.4 ちゃんとしたバックパッカー

116は、個人旅行の経験が少ない者であるが、語りの節々からは「バックパッカー」という言葉が聞かれるため、そのスタイルを意識し実践することを志向しているのがうかがえた。著者は、彼が考えるバックパッカー像について問いかけた。

著者：自分自身をバックパッカーだと思いますか？

116：自分自身をバックパッカーだと、そうですね、バックパッカーではあると思うんですけど、でも、まだやっぱり、例えば、なんだろ、その移動が多かったりしてやっぱり、バックパッカー初心者だとは思ってます。

著者：ふーん。

116：まだ、あの、ちゃんとしたバックパッカーにはなれてないと思います。

著者：ちゃんとしたバックパッカーというのは、どういうものだと思います？

116：ちゃんとしたバックパッカーていうのは、そうですね、漠然としたイメージですけど、やっぱり、うん、長く滞在することが多いとかが、たぶん、あれであるかなと思います。あのー、同じ場所で、その、移動をたくさんしないで、ゆっくりとその、よくだから〝沈没〟って言いますけそ、なんか同じ場所にずっといるとか、ま、そういうことをしてるバックパッカーが、まあ、その、なんか、しっかりしてるんだと、正統なるバックパッカーだと思います。

116は、自身がバックパッカーであると自認しているが、自身は〝まだ初心者〟であると述べる。また、〝ちゃんとしたバックパッカー〟という表現を用いて、バックパッカーの旅行スタイルにも真正性（正統性）の問題を提起している。116によると、〝沈没[45]〟などにより長期間にわたり同じ場所に滞在することが〝正統〟であるとする。116は大野の分類では「移動型」の旅人であるが、支援ツアーに参加することで旅行スキルを獲得し、そして自ら旅行経験を積んでいく（次の旅行ではより旅行難易度の高い中東に行きたいと語る）志向をもち、バックパッカーの世界での自身の位置の上昇を意識している。〝前進主義的価値観〟は一般社会だけではなく、「学び」と「経験」というロールモデルを通して、日本から一時的に距離を置いている旅人たちにまでも共有され浸透しているといえよう。

註

41 本邦において修学旅行等、旅行を通しての「学び」という慣習が定着していることも、対象者のワーディングに影響を与えている可能性がある。

42 マキャーネルの述べる旅行環境の裏舞台を垣間見る機会が多いと考えられる。

43 学校教育における正規の学びにおいても、スポーツ・体育等、身体性を伴った（ある種の身体の統制システムを獲得する）ものがあることに留意したい。ノルベルト・エリアス『文明化の過程』赤井慧爾、中村元保、吉田正勝（訳）、法政大学出版局、二〇一〇年、等を参照。

44 https：//tabiiku.net（二〇一九年九月一五日閲覧）。

45 移動すること、アクティビティに参加することを止め、同じ場所に長期間滞留すること。

第五章 「非日常」

本章で検討する「非日常」は、バックパッカー旅行の主要な構成要素である。バックパッカーは日常から非日常へと積極的に参入してゆく。

5.1 何かしなきゃいけない

対象者118は、長期の旅行の中でも、移動を頻繁に繰り返している。彼は、「移動型」バックパッカーである。移動を繰り返す理由として、長時間同じ場所に滞在すると生活リズムが崩れ、日本で大学の長期休みを過ごす状況と同じになるからだと語る。そのため旅では自ら行動的になるように移動するという制約を課していると言う。著者は、その移動には対象者が抱く強迫的な観念が作用していると考え、質問した。

著者：何か、しないといけないと思うんですか？

118：すごく思いますね、他の人に言う時は何もしなくていいって言うんですけど、今、萬代さんに言われて、何かしなきゃいけないと思ってます。ずっと、いろんな場所行かなきゃいけないし、せっかくお金払ったんだからもったいないみたいなのはすごくありますね。何か見つけて帰りたいっていう。

118は、著者に促された面もあるが、反省的に〝何かしなきゃいけないと〟と思っていたと振り返る。118のインタビューは帰国後におこなっている。また旅行は、〝いろんな場所に行かないといけない〟（移動）と意味づけられている。また、他の人には「何もしなくていい」と言うと、118が多面的な旅行への価値観を状況によって使い分けていることが分かる。著者は、より深く〝何か〟の内容に関して質問した。

著者：何か見つけて帰りたい？

118：自分の中のこう、価値観を揺さぶられるような体験であったりとか、それを一つでいいから見つけて帰りたいっていう思いがあるんですよ。一ヶ月くらい行く時は。一週間の時は旅行なんで、僕の中では。

118は旅行を通して自身の価値観の変容への期待を語る。また、旅行期間の長短によって、体験の質を切り分けている。118が旅行後の自己のあり方をいかに想定しているか、質問した。

著者：それ見つけることができたら、その後、どうなるんですか？

118：もう見つけれただけで満足じゃないですか。やったー、みたいな。こういうところでいうのはあれですけど、一回目は、目標みたいなの立てて行くんですよ大体。

118は、価値観を揺さぶられる体験を見つけただけで満足と語る。とはいえ、〝目標を立てて〟出発するということから、事前に自分が期待している体験を想定した上でのバックパック旅行となっている。

著者：そうなんですね。

118：今は、今最近は、その自分の価値観を揺さぶられるなんとかで、最初はエビのプランテーションの従業員が、ほぼ奴隷状態で働かされてるっていうニュースがあって、あ、これぜひとも見たいと思って、それと、マリファナをやりたいって二つ目標があったんですよ。

118は日本の日常には存在しない状況（〝エビのプランテーション〟）を見に行くことで、自身の価値観への影響があることを期待していた。また、マリファナ吸引という逸脱行動が述べられたため、価値観の変容をその体験と関係づけているのか、著者は質問をした。

著者：その葉っぱを吸うっていうのは、その、自分の価値観を揺さぶられるっていうことですか？

118：あ、かっ、全然関係ないです。そんなもの揺さぶられたこともないし、何も感じないですけど、レアじゃないですか、日本で絶対、手に入らない、入らないし、何かコレクター的なものがあって。

118は、大麻吸引という逸脱的な体験によって自身の価値観に変化があるのではなく、日本では手に入らない経験を旅行で得ることが目的であると語る。他の人間がしていない経験がレアである（＝価値がある）と述べる。つまりは体験の内容よりも、その希少性に価値が置かれている。

著者：コレクター？
I18：やってやったみたいな、もう、他の人が持ってないものを持ってるぜみたいな。

I18は、自身の旅行での体験を他人に誇れる勲章のようにシンボリックにとらえている。〝やってやった〟という語り口からは、通常は他者が越えない一線を越えたという達成感、優越感が感じられる。またコレクターという表現には、収集（蓄積）できるものというニュアンスが含まれている。

著者：じゃあ、そのいろんなこと体験したいっていうのは、他の人よりも、いろんな経験を積みたいっていうことなんですか？
I18：あー、そうそう、そうですそうです。他の人のしてないような経験をしたいです。

I18は、〝他の人のしてないような〟経験をしたいと言うが、そこには旅行体験で自己を他者から差別化、卓越化する構造がある。〝何かしないといけない〟の〝何か〟とは、体験の特殊性を表している。I18の意識には、大学の長期休みを〝ダラダラ〟と惰性的に過ごすのではなく、休暇を他者から差別化する〝経験〟として活用したいという希求が存在していることがわかる。次に、旅人が求める〝体験〟の性質を見てみよう。

5.2 国外で未知の体験に触れる

本研究は、国外へと旅行に向かう者を対象としているが、質問票の回答に頻繁に見られる「非日常」は、国内でも体験できる。

著者：なるほど、新しい体験や学びというのは日本国内の旅行でもできるんじゃなかったんですか？

113：まあ、日本でもできます。でも多分、宗教や文化の土壌が違うので、学びで得られるものは違うと思います。それは多分、まあ日本旅行しても、多かれ少なかれ学びはあると思いますけど、やっぱり、今まで触れたことないことに触れるってことの学びはとても大きいものだと思うので、だからこそ海外旅行とか海外を旅するってのは自分の中で大きな経験になるんじゃないかなという風に考えています。

113は、国内と国外の環境の相違点について〝宗教〟・〝文化〟の二つの例を挙げた。それらは、人類学で多用される非日常性の議論、聖（宗教）と俗[46]（文化）に換言できる。両者は国内にもあるが113は、非日常／日常という枠組み自体を国外に求めている。バックパック旅行は、日常空間である「環境の泡」(environment bubble)[47]から積極的に脱出しようとする試みだが、国内と国外という、より高度な次元（非日常における非日常／日常というメタな構造）において、そのことを実践しようとする志向が113の発言から読み取れる。国外という特殊環境を体験することで、「聖」と「俗」の境界線はより意味付けられ、そのことにバックパッカーは新鮮さと魅力を感じている。非日常／日常の体験の過程について、より詳しく検討してみよう。

5.3 不安定な世界に行きたかった

著者：非日常体験を求めるって書いてますね（調査質問票に）。非日常についてもう少し詳しく教えて頂けますか？

113：そうですねえ。非日常は、まあ、単純に僕の日常が日本での、研究してる時だったり、土日サッカーしてる時だったり、友達とまあ、飲んだりとか、そういうのが、ある意味、日常じゃないですか。僕の場合。それじゃない経験すね。

著者：なるほど。それがしたかった？

113は日常空間について、自身の大学院における研究生活（職業や地位）、友達と飲んでいる状況（自身が帰属する社会関係）の例を引き合いに出し、非日常とは、それらから離れた環境で経験することだと語る。

113：はい。だから、今まで安定してる日常っていうのは、ある種、安定してる世界だと思うんですけど。ルーティンも決まってるし。そこにこう不安定な世界みたいなところを持ってきたかった、ていうのがあります。はい。それが、まあ非日常みたいな世界だと思います。

113は、秩序だった日常の世界に、不安定を持ち込んだ状態が非日常であり、そのことを実現することが旅行の動機にあったと語る。

著者：うーん、なんで不安定な体験がいいんですか？

113：うーん。不安定、不安ていうのが、多分、楽しいとかワクワクドキドキする体験が多いかなという。というのも、やっぱり人ってこう、同じこと繰り返してると飽きるし、あの、知的好奇心とかも、知的刺激とかもないので、なんかこう、頑張ろうとか思えないし、多分、安定と不安定はバランスが大事だと思うんですけど、僕の場合は今まで同じことをずっとやってきたので、一回、こういう不安定な旅とか、不安定で不規則なものをこう、自分の人生に盛り込むと、まあ、いろんな刺激になるし、まあそれが、安定の世界に戻った時の頑張ろうって糧になるし、やっぱりこう、非日常、不安定な世界っていうのは自分が生きる上では結構、重要だと思いますけどね、そういう世界に居れるみたいな。

不安定の内容は、抽象的ではあるが〝ワクワクドキドキ〟・〝刺激〟などある程度、身体的な感覚と結びついた体験と想起される言葉によって表現される。

113にとって、不安定な体験は、〝安定した世界に戻った時の糧になる〟と言うように、安定した世界に回帰することを前提として想定されている。

人類学者のヴィクター・ターナーは、人生の節目に行われる通過儀礼において、三つの段階を経て儀礼が完成されることを指摘している。それは、儀礼以前の状態からの「分離」、両義的な「境界」、新たな状態になって社会に戻る「再統合」（大塚 2008：118）である。ターナーの儀礼過程に照らし合わせるならば、113の不安定な世界は、「境界」の状態にある。また、不安定な体験の内容が〝知的刺激〟など、113の日常にある研究活動の習慣性をベースに語られているため、ある文化集団内の非日常（例：バヌアツの成人儀式バンジージャンプのような祭礼・儀式）であるリミナリティよりは、現代社会にも存在しうる微小な非日常であるリミノイド[48]といった方ふさわしい。文化集団内で絶対的な強制力を持っておこなわれる通過儀礼とは違い、個人的な動機を持っておこなわれる（宗教的意味合いを持った巡礼旅行とは異なる個人の儀礼的）バックパッカー旅行は、自己完結的な象徴体験であるといえる。次に、より自己完結性が強い非日常体験のケースを見てみよう。

5.4　希薄化した（カルい）非日常―バックパッカー精神とかわかんないす

119は、113とは対照的に、バックパック旅行には大した特別性を見出してはいない。

119：バックパッカー、いや、バックパッカーではありますよ。バックパック持ってるんで。けど、そんな、心意気みたいな、何か、バックパッカー精神とかわかんないす。そういうのは、そんな何も。

119は、自身をバックパッカーと認識はしているが、あくまで形式（旅行スタイル）にとどまるのみで、『地球の歩き方』［初版］[49]に書かれたような精神性は持ち合わせていないと語る。

著者：心意気とか精神はない？

119：形式としてバックパッカーではあるんですけどー、別にバックパッカーだから何とかしなきゃいけないとか思わない。特にルールとかなんかバックパッカーなのに、それかよみたいな。なんかいろいろわかんないすけど、例えば、確かにバックパック背負って高級ホテルに入っていく人を見たときはー、なんか、えっ、トランクでいいんじゃないのとか思いましたけどー。列車乗る時も、たぶん、なんか、あんまバックパッカー、イコール、安宿。安い旅行。貧乏旅行。ってイメージはありますけどー。別にだから、なんかしなきゃいけないとかは、何も。行って予定決めて、特になんも、宿入って、なんも一日、家も出ないこともあったような人間なんで。あ、家っというか宿。そんなになんか義務感もなかった。シェムリアップ行って、アンコールワット行きませんでしたから。だから、シェムリアップ行ったんすけど、なんか、遠いみたいな、しー、なんかいいやっと思ってー。そんな、あの、観光地あんま興味なかったんで。石じゃんみたいな。

119は、113と対照的に、バックパッカーだからといって〝何とかしなきゃいけない〟とは思わないと語る。また、『地球の歩き方』に描かれるようなバックパッカー像を〝ルール〟と解釈することに批判的である。著者の観察では、一部の旅行者に強迫的に、自身に強く制約を課しているバックパッカーも見られた（食事は毎食、最も安いパッタイを食べないといけないといった規則、さらには、節制していない旅行者を非難する等）。119も〝安宿〟・〝安い旅行〟・〝貧乏旅行〟といったイメージは持ち合わせているが、それらを義務感から実行するのではないと語る。さらには、カンボジアの旅行ガイドブックには必ず紹介されるような定番の観光地にも、興味がなく行かないと述べる。

著者：ああー、何に興味がある？
119：えー、ダラダラ。知らないところでダラダラ。あと街散歩して見つけたの、学校とかなんか、シエムリアップに何年前だか、これで何年めだか忘れたんですけど、結構、学校、作った人がいて。で、なんか、旅行者と喋りながら英語とか勉強したジムさんだか何だか忘れた、の人がー、やってる学校

みたいのがあってー。また、シェムリこう歩いてたら、学校やっててー、で白人の人だか見学しててー、あっ学校あるっと思って、なんか後から喋ったらそういうとこだったんですけど。ま、なんか、そういう街歩いて適当に見つけたことか、あとカフェとか。ま、吉祥寺歩くんと、あんま変わらないですね。

著者：あーそうなんですか。

119は、取り立てて何かするのでなく〝ダラダラ〟とすること、当てもなく散歩をする自身の旅行の様子を、日本の街を歩く普段のことと変わらないと説明する。

119：カフェ見つけてー、チェンマイだったらいいカフェ見つけてー、あ、ここ、いいカフェじゃんみたいな。なんか女の人かわいいしみたいな。感じでしたね。

著者：えー日本と同じような感覚なんですか？

119：そこは、そうですね。ま、日本でー知らないとこは、さっき、僕、この家（インタビューの収録場所）来る時もー結構周り見ながら、あ、おもろいなみたいな。あ、ペルシャ絨毯の店あるみたいな。そんな感じですね。歩いてる時。

119は、113が語ったような日本と国外の日常／非日常の枠組みとは対照的に、日本での自身の「まなざし」をそのままバックパック旅行に持ち込んでいる。119は、見たいものを自由に見る（まなざす）ために、バックパックという手段を実践している。彼は、他者やメディアから強要される理想のバックパッカー的精神や、「こう見るべき」といった「まなざし方」にはとらわれない。彼の旅行の動因においては、

他者よりも自己による行動規範（あるいは習慣性）が優先されている。次は119の旅行の動因についてより詳しく見てみよう。

5.5　日常を非日常に持ち込む——バックパック旅行はイベント

119は今回、118に旅行に誘われたことに加えて、大学の長期休暇を自宅で過ごしたくないという理由から旅行に出てきている。

著者：日本で五〇日間、夏休みを過ごすのは？

119：日本でっていうか、自宅でっていうと、もう、ほんと、なんもしない。たぶん、なんかイベントもなく、ただ長期休みなのに長期を利用しない感、はもったいないなっていうのはあるんで。なんで長期で行ける、なんか一ヶ月以上の旅行なんて、そんなにできないと思うので。特に社会出てからできるかわかんないんで。まあ、社会出るかも決めてないですけど。まあ、それで、まあ、長期旅行。ある種、有効活用っちゃ有効活用できるので、別にそれが海外である必要は、そんなにはないすけど。なんかあんまり国内って高いじゃないですか、宿とか。や、安いんでインドとか。そういうのはありますね。

119は、長期休暇を有効活用する方法として、そして、社会に出るとできない体験として、バックパック旅行に価値を見出している。旅費が安価なので（しかし119は旅費を全額、親に出資してもらっている）海外を選んだという。また、休みになにもしないことは〝もったいない〟と感じ、イベントを欲している

と言う。

著者：イベントを求めてるってことなんですか、じゃあ？
119：なんか、わくわくしたいですね。
著者：わくわく？

119は、イベントを〝わくわく〟するような体験と抽象的に表現する。

119：なんか、ダラダラしていると精神が死んでいくんで。そういう意味で、なんか列車とか乗ると楽しい。なんか走り出す瞬間とか結構テンション上がるんで。こう、いや場面には出ないすけども内心ちょっとわくわくして、ガチャってこう、動き出す瞬間みたいな。あれが好きなんで。なんかインドって列車旅行が多いらしい、てか列車なんで。それもちょっと楽しみですね。インドで列車乗りたいなって。ま、イベントっちゃイベントですね。

119の語りからは、〝列車が動き出す瞬間〟や〝テンション上がる〟など、即物的な旅行体験の楽しみが〝わくわく〟といった言葉と関連付けられている。そこには体験の連続性や、かつて『地球の歩き方』で描写された、旅の物語性[50]などはうかがえない。

著者：旅行はイベント？
119：イベントで、えっ、イベ、イベントですよね。

著者：イベント？
119：出来事なんでイベントです。
著者：なるほど。
119：旅行は人生とかではないですね。だから、人生の内の一つのイベントとして、選択肢の一つなんで吉祥寺に行くようにインドに行くみたいな。

119の語りからは、日常（日本）／非日常（旅）という、単純な生活時間の二極の切り分けによる把握は、適切ではない。119は、旅行を短いスパンの〝出来事〟としてとらえ、〝吉祥寺〟（119は吉祥寺の近郊に住んでいる）に行くように容易に選択できる体験の一つとして語る。そのことからは、日常と非日常の近接性、または日常に内包された微小な非日常という構図が見える。友人から誘われたこと、119が文化資本（語学力、国外に関する知識など）そして経済資本を多く所有する事（親に旅費を出資してもらえる）、現代の発達した交通インフラなどの要素が、バックパック旅行への参入障壁を低くし、日常／非日常の近接性が生じている。119の旅行体験への認識は、113が語った日常／非日常の枠組みと異なる。119のそれは、国外まで拡張された日常の内で、例えばお祭りの屋台で買い・食いするように、その場、その時に短時間で非日常を消費するものである。いわば、119にとって国外はフェスのイベント会場[51]にしかすぎないのである。次では日常と非日常への認識が融合して、移動することにも価値を見出さない旅人のケースを検討していく。

5.6 インターネット的「日常—非日常」区分の消滅

著者：旅行に出発する前になんか観光以外で、目的はなかった?なにか得たいものとか。

105：あの、僕は移動っていうか究極的に、究極的な目標としてその、沢尻エリカの旦那で高城剛っていう人がいるんですけど、彼が言っている「インターネット的な生き方」ていうのに僕はすごく共感してて、今はLINEでもスカイプでも海外の人と一瞬で繋がれるし一瞬で移動ができるけど、それはあくまでもバーチャルにすぎなくって、それをリアルの世界で実現したい。もうどこだってふっと行けるぜっていうのを実現したくて。行きたいなと思ったらすぐに行くみたいな。だから目標っていうか理想。こういうことしてみたいなっていうので、理想は例えば「明日パリに行こっか、それともアフリカに行こうか」みたいな。そういう感じのことをしてみたいっていう理想があって、それを実現するためにはなるべく荷物を少なくしようってことで、ま、僕はこれで旅したんですよ。これ一個で（ビニールの巾着袋）。で、もう荷物を少なく、で、この前も一日ふと休みができたから日帰りで博多に行って帰ってきて、ラーメン食べたいっていうので。で、実際そういうのを実現できてるから、うん、目標は達成できてるのかなみたいな。

著者：その週末に時間があるからっていうのは、どういう感じの気持ち?

105：ああー、なるほど。だからさっき、インターネット的な生活をしたいから、あのお、世界一周をしたって言ったんですけど。で、その理想として言ったじゃないですか。で、分岐点って言ったように、ただあくまでも分岐点じゃないですか。分岐点。まあ、大きなイベント。人生の中での大きなイベント。ただ、で、それで帰ってきて、もう、あ、インターネット的な生活実現でききんじゃんって思って。じゃあ次は、この前行ったのは大きなイベントとしての移動だけど、大きなイベントとしてのインターネット的な生活だけど、もう今度は日常として、旅行しようみたいな。日常ですよね。そこにはもう、わくわく感とかドキドキ感は世界一周と比べると、心のなんか、あれは少ないかもしれないけど。日常のほんとにちょっとコンビニ行くくらいのノリで極端に言えば。でも、ほんとに、手ぶらで行っちゃおうくらいの、スーツで行っちゃおうとか、そういう日常の延長線で。うん。

119の語りからは、現代において日常と非日常の境界線が曖昧になっている様子がうかがえたが、以下の105の旅行の実践からは、両者の境界を完全に取り除こうとする試みが見えてくる。彼は、〝インターネット的生活[52]〟を求めていると語るが、それが意味するのは科学技術による地理的、精神的な距離（隔たり）の乗り越えである。〝インターネット的〟な世界では、移動と到達の困難性を超え、瞬間的なアクセサビリティにより消費が実現される。105は、インターネット的な実現性をリアル（日常）に持ち込みたいと語る。そのために彼は、極力荷物を持たないなどを実践しているが、それは生活の拠点である日常でさえ放棄する試みにも捉えられる。105は、〝博多のラーメン〟などの例を出し、ある程度は真正性（オーセンティシティ）に触れることに価値を見出していると考えられるが、そこに到達するための困難は排除されている。真正な事物が各所に分かれて存在するリアルな世界に、浮遊するようにそれらに即時的にアクセスしてゆく様子である。そのような実践では、105も真正性に特別感を見出していないため、また苦労や苦痛もないため〝ワクワク感やドキドキ感〟といった感情の動きは薄れ、身体的な感覚さえも低減している。105の理想とする旅（かつての行商旅行などと異なり簡便な旅）そのものを生活に融合する試みでは、もはや非日常は消滅し、それと対置される日常の存在も色褪せる。そこでは、現実世界からは距離を置いた、その時の〝ノリ〟で流浪するように生きるノマド[53]（現代の遊牧民）の、究極に個人で完結された物語しか存在していない。

註

46 エミール・デュルケームは宗教の中心的な特性が、聖と俗の二局面によって成り立っているとする。『宗教生活の原初形態』古野清人（訳）、岩波書店、一九七五年、を参照のこと。

47 Cohen, Eric. 1972. Toward A Sociology of International Tourism. *Social research*, Vol.39（1）: 165-182.

48 リミナリティとリミノイドについて橋本和也（2013:27）はヴィクター・ターナーの『象徴と社会』梶原景沼（訳）、紀伊国屋書店、一九八一年を参照して、「決まった日時を指定する暦（年中行事や祭り）や、人間の成長をしるす生物学的なサイクル（成人儀礼）、そして社会構造のサイクル（即位式やイニシエーション儀礼）に関連する集合的な特徴を持つものが「リミナリティ」である。それに対して、伝統的な社会的紐帯から個別的な契約へと変化したより複雑な構造をもつ社会によく見られ、人々が自発的な関係をむすぶ事象が余暇の領域に生起し、機能組織の周縁や裂け目に、さらにはその表層に発展する個別的特徴を持つものが「リミノイド」である。」と述べる。

49『地球の歩き方ヨーロッパ』一九八〇年度版、および『地球の歩き方アメリカ』一九八〇年度版。本書一九頁の引用を参照。

50〝新しい人間とのふれあい〟、〝ハプニング〟、自身で知識を仕入れて旅行ルートを策定していくなど、かつての『地球の歩き方』では旅人を主人公にみたてて、ロールプレイングゲームにあるような過程性を楽しむことが推奨された。本書二〇頁の引用を参照。

51 永井純一『ロックフェスの社会学―個人化社会における祝祭をめぐって』ミネルヴァ書房、二〇一六年、においては、現代における仮設的なイベント会場に若者が集う様子が描写されている。

52〝インターネット的〟というワーディングは二〇〇一年の糸井重里による書籍『インターネット的』ＰＨＰ新書、によってなされたものであるため 105 が引用元の著者を誤認している可能性がある。しかしながら高城剛が特定の生活拠点をもたずに世界中を転々としながら生活して、またそのスタイルを称揚する書籍を執筆していることは事実であり 105 の生活実践は高城に影響を受けていることが考えられる。

53 本邦では二〇一二年ごろより、ノマドワーカーと呼称され、特定の拠点を持たないでポータブル端末によりインターネットに接続してブログの運営、ＥＣサイトの運営、株式投資等によって生計を立てる者が注目されるようになった。

第六章「主体性（選択）」

先行研究から、バックパッカーはツアー旅行者と比べ、より自ら旅行環境に働きかけ、参入していく側面を確認した。本章ではバックパック旅行で旅人の主体性が発揮される場面を複数抽出し、考察を加えていく。

6.1 旅行計画の策定──一つで三つ美味しい

著者：それは、あの、国内旅行に飽きたからとおっしゃってましたけど、その国内旅行っていうのは、何を楽しみに、してらしたんですか？

104：ああーー。そうですね、その時はあのー、青春18切符を使って時刻表を調べて、どうやって行こうかなとか。この…ううーんなんて言うかな。予算内でどうやったら行きたいところ行けるだろうって考えるのが楽しかったしー、それをやるのも、楽しかったって感じですかねー。

著者：計画するのが楽しかった、それとも？

104：ああーー、そうですね。結構その、時刻表を見て、なんか、どうやってルートを考えるかな、っていうのも好きだったし。まあ、社会人になって海外旅行だったら、その…今の、だいたい航空チケットの相場がこんぐらいだっていうのを別に行く予定もないけどちょっと調べたりして、じゃあこの物価と、このフライトの値段だったらまあこう、だいたいこのエリアだったら何泊ぐらいでこう回るのが、良い旅行かなーってちょっと考えたりとかしながら、暇な時に。っていうのは、旅行の計画の計画ですね。

著者：計画することも、旅行の楽しみの一つですか？

104：あーだと思いますね。あの、うん。あの下川裕治が言っていましたけども[54]、旅行はやっぱりその、旅行する前の楽しみが一つと、旅行してる時の楽しみが一つと、終わったら終わった時の楽しみっていうんで、一つで三つ美味しいみたいなことを言ってたと思うんですけど、僕はもうその通りだなと思って。

バックパッカーは、自ら旅行計画を組み立てる。ツアー旅行でも各種のプランを選ぶ等の選択の可能性はあるが、前者における選択の幅、そして環境に行動を左右されない領域は圧倒的に大きい。104の場合、国内での個人旅行の実践を海外に移す形でバックパック旅行をおこなった。104は〝計画〟することの、そして〝旅行してる時の楽しみ〟を語っているが、ここには自分の好みで立てた計画を実行してゆく際の自己満足感や、ツアー旅行の拘束からの解放が関与している（ツアー旅行は日常で所属している環境の外圧を連想させる）。旅行の計画の際には、旅人の普段の志向・習慣性が持ち込まれがちである。104の場合はロードムービーやバイクに日頃より関心を寄せ[55]、旅行先の各所でレンタルバイクを利用している。また、限られた〝予算内〟で計画を組み、旅行をおこなう点も、旅人の自己満足感の充実に寄与している。旅人は、旅行をする中で周囲の環境も鑑みて「予算をこれだけ使える」そして「このように使える」といっ

た思考をめぐらす。その過程で自身のもつ経済資本・文化資本（趣味・嗜好）に立ち返り、それらに沿った行動をとる。そこには環境圧に促されるようにして自身を再認識するという、再帰性・反省性（reflexivity）の構造が存在している。旅における再帰性・反省性は、一種の「自分探し」とも言えるだろう。

104は、下川裕治を引用して旅行が〝終わった時の楽しみ〟もあると語っているが、このことには、旅を通して自分を振り返り、自身の趣向に沿った旅（カタログのような旅行ガイドブックや時刻表に影響されながらも）を完結することができたという、安堵感・満足感が寄与していると考えられる。

6.2　気の向くままに自由に旅する―本当にもう自由に行動ができる

著者：ええと、そのバックパックをやられて、でこうバックパックの魅力ってどんなところにあると思いますか？

102：ああーー。まあ、そうですね。その、自分の居たいところに、その居たいだけ居れるっていう。

著者：ああーー。

102：ええ。あとは本当にもう自由に行動ができるっていうところですね。どうしてもやっぱり五日間とかのその、往復チケットあっても、帰りのチケットも最初から用意されて行っちゃうと結局、あっ！もうここ、みたいなとか、もう少し居たいなっていうのがあっても、結局帰らざるを得ないじゃないですか。でも、バックパックだと本当に自分の納得のいくまでそこに居られるんですよね。それがやっぱりよかったかな。

バックパッカーにインタビューをする中で旅の魅力の一つとして、〝自由〟というキーワードは頻繁に

語られる。102の〝自由に行動できる〟という語りからは、初めから〝五日間〟など期間を限定されて行動が制限されるツアー旅行と対比させる構図がうかがえる。自由とは、集団行動を強いられる共同体的な性質を持ったツアー（伝統的な旅行の形態）からの解放、そして旅人の選択や意志（102の〝もう少し居たい〟）が実現される状態を表している。バックパック旅行は、あらかじめ設定された目的主義的なツアー旅行からの脱出、さらには、旅行共同体の他者との相互干渉を避ける志向をもつ。そこには、観光現象の個人化が見いだせる。また、明確な目的をもたずに旅程において自由選択を続ける姿勢は、大野が提示した前進主義的価値観へのアンチテーゼともとらえられる。無目的な領域をとりおき、旅の中で立ち現れた自由に対しバックパッカーはどう向き合うのか、次項目から検討していく。

6.3　不確実性の中での選択―その時の、その状況で

著者：さっきその、ええと、こう、ゴールを目指すことに楽しみがあるとおっしゃってたんですけど、ゴールまでのそのルート。その目的地は実際どうやって決められていたんですか？

103：ええと大まかにはやっぱり行く前に、そのなんですか、主要なルートは、というか全部あの僕、『地球の歩き方』の地図の部分を、全部切って行ったんで。ユーラシア大陸全部ですね。ですので、まあなんとかなるだろうと。あとは行った所で。

著者：結構相当な量になりますよね、『地球の歩き方』。

103：そうですね。（中略）なのでルートとしては、まあ基本は、中国から、どっち行くかなっていうのは考えどころで、機会があったら、下に降りてこようかな、くらいな感じですね。まあ何にも機会がなかったら普通に中央アジア行って、まあそこから、中東の方に下りられるかどうか、で、も

う一回戻って、イスタンブールアウトかな、っていうイメージはあったんですけど、中東の扱いがなんにせよ面倒臭かったですよね。要は、一筆書きで行きたいんですけど、行ったら戻らないといけないんですよね。それをどう解決するかですよね。そこらへんが楽しかったんです。（中略）あとは、その時のその状況と、集まるその、なんですか、旅行者と話してる、ここはセーフティーとかセーフティーじゃないみたいな話とか、そういうの聞きながら、やってた感じですかね。

バックパッカーの旅行が、あらかじめすべてのルートが規定され予定調和的に進められるものではないことは、前項目で確認した。しかしながら、全く無根拠に旅行を遂行するのではなく、旅人はある程度の嗜好（志向）を保有している。旅程を進める中で旅先の環境に注意を払いながら、また、自身の意志を絶えず反芻しながら、フレキシブルにその時、その場で次に進むべき訪問地を決定している。旅の主要な骨組みは既存のロールモデルである『地球の歩き方』やユーラシア大陸横断といったモデル（例えば、103は日野強による『伊黎（イリ）紀行』[56]を参照している）から借り入れながらも、細部には個人による取捨選択が反映されている。バックパッカーは、旅程における進路の決定権を保有する引き換えに、困難な旅行（〝一筆書きで〟行けない）、そして旅先で遭遇する不測の事態や事故といったリスクを引き受ける。特筆すべき点は、バックパッカーが困難やリスクを忌避するのではなく、むしろ積極的に受容して安寧ではない状況に身を置いているところにある。次項目では、バックパッカーがリスク環境において旅行を進めるためにいかなる機知をめぐら

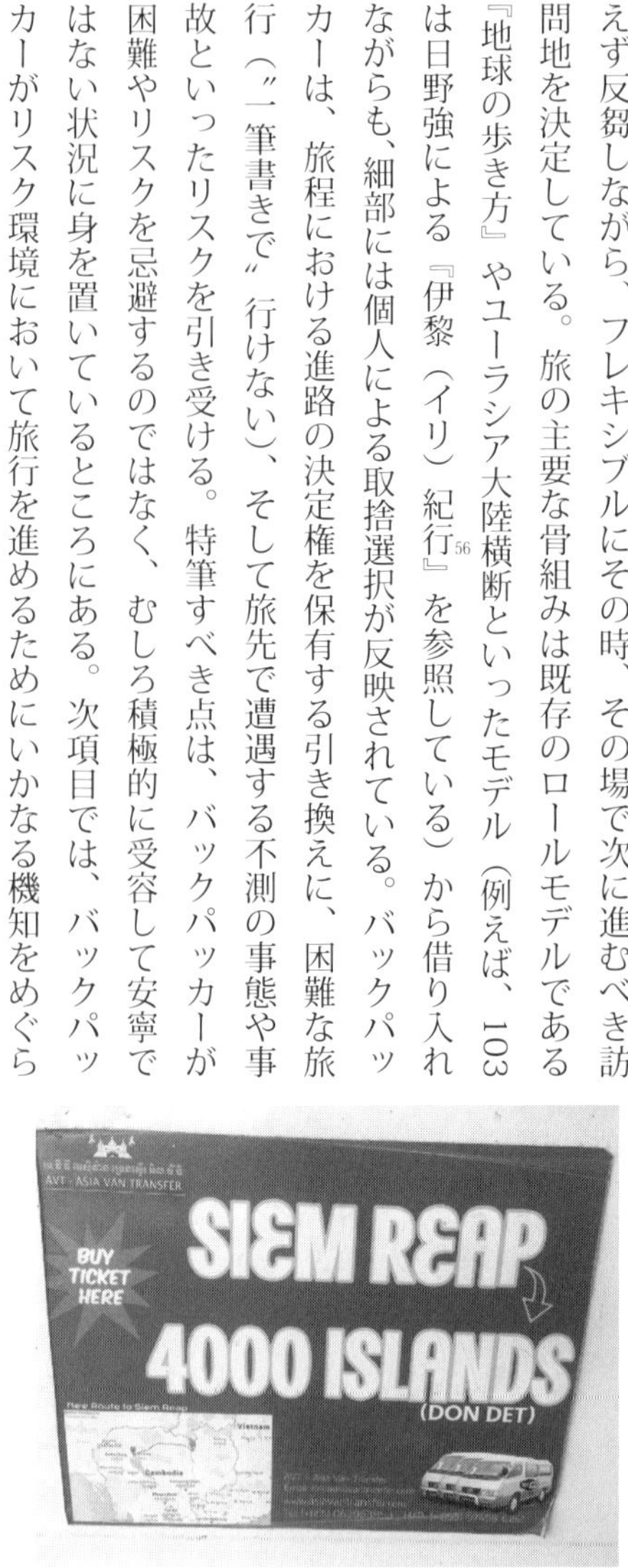

新しい交通ルートの開通を告げるポスター

せているのかを検討する。

6.4　リスクを背負う―リスクの中にもセーフティーな部分がある

著者：やっぱり、リスクを背負う、そのハラハラ感っていうのはあんまり好きじゃないんですか？

103：いやあ、うん、まあリスクはすごい背負いながら行きましたんで、あんまり。リスクの中にも、セーフティーな部分がある。そこを見つけるのが楽しかったですね。

著者：ああなるほど。

103：ここの国境、行けないけど行けるんじゃないかとかですね。入っちゃったみたいなね。ああいったところは。えー中国とインドで国境について、なんて言うんですか。堅さ柔らかさってところが少し学べたので。

著者：堅さ柔らかさ。

103：こんなもんかって、中国すごい堅いんですよ。あのー五つか六つかの検問があって、バスで行くにもそれ全部ずっと越えなきゃいけない。難しかったんですよ。でもまあ西、チベット人に対しての方、西から行く場合はまあ検問ありましたけどね、そんなにあれじゃなかったですよ。そこが堅いルートですかね。柔らかいとこはもう、現地の人たちいくら通ってもオッケーっていう環境が、結構インドの方行くと沢山ありましたんで。

前項目では、バックパック旅行では積極的なリスク消費が求められるという一面を確認した。103は、リスクを背負って旅行していることを自覚し、例としてインド・中国の国境での体験を語っている。国境

を越える体験に関しては、インタビューを行った多くの旅人から、特に印象深い経験であったという語りが聞かれた。国境とは、空間を分かつ象徴的な仕切りであり、一つの環境（システム）の終着地に引かれた境界線とも言える。国境を越えてゆく旅人の先には、それまで属していた環境とは異なる未知の世界が拡がっている。非日常を志向するバックパック旅行では越境体験が旅の醍醐味の一つとなるが、その体験に含まれるリスクが〝楽しみ〟をさらに増幅させる。103の認識するリスクとは、印中の外国人に対して公式には解放されていない国境の越境、外国人がチベットを旅行する際に携帯が必要とされるパーミッション[57]（旅行許可証）、インド入国に必要なビザの問題などである。検問では、通常それらの規則と照会して旅人の通行が許可されるが、違反が発覚して不測の事態に巻き込まれる可能性もある。しかし103は、〝リスクの中にもセーフティーな部分がある〟といった規則における例外、〝堅さ／柔らかさ〟といった境界構造の曖昧性を発見し学んだと語っている。システムの瑕疵を発見し、環境に張りめぐらされた網の目を突破してゆく体験から、バックパッカーは楽しみと達成感を得る。次項目では、異なった形のリスクへの対応方法を見ていく。

6.5　旅人の間でのリスク情報の共有―外はダメです

バックパック旅行は個人で旅することを基本としているが、世界各地の多くの旅人が滞在する町(backpacker-enclave）では同国籍の者たちが集まり宿泊している。「○○人宿」といった形態のゲストハウスが見受けられ、それぞれにコミュニティーが形成されている。宿泊者の国籍の単一色が強いものとして、日本人宿、韓国人宿、イスラエル人宿などが代表的である。本研究でのインタビュー対象者の一部には、同国籍の旅人と交流することを忌避する者もいたが、一定数のバックパッカーは同朋との情報交換を通して旅行を効率的に進めるため、そして困難の多い異国の地での旅行中に一時の安息を求めて日本人宿を利用している。その宿は、非日常空間においてバックパッカーにより形成された日常的な空間（日本食や日本語の書籍が提供されることもある）であり、一種の避難所や交流場所としてのラウンジ的な機能を果たしている。日本人宿には、旅人各人が自由に記入できる情報ノートが設置されている場合がある。次に著者が調査を実施した、ラオスのバンビエンにあるチャンタラゲストハウスのものから一部引用する。

〝２０１４年２月27日（木）
・大麻[58]で逮捕されました。
夜の22時すぎにチャンタラの2Fでジョイントを吸っていたら私服のポリスが突然2Fに来て、そのまま連行されました。２～３時間ほどそくばくされて、大麻と一緒に記念撮影をして次の日の朝９：30に来いと宿に戻りました。

２０１４年２月27日
大麻でタイホされました。チャンタラのベランダはあぶないです。やるならへやにこもって。
→
連行されたのは２人です。お金で解決したそうです。みなさん気をつけてネ！外はダメダメ絶対、中??中??なか??ナカ??です。〟

（匿名投稿者、チャンタラゲストハウス情報ノートNo.3）

※著者は決して違法行為を推奨しない。読者においては旅行先の法律を遵守してほしい。

先の引用箇所においては、旅人の大麻吸引の一連の体験が書かれている。バックパック旅行では積極的な非日常への参入が推奨されているが、大麻の吸引も、逸脱を通しての日常外への越境の試みとみなせる。それは身体感覚的にも通常時からは逸脱（トリップ）する。先のノートでは、逸脱に対する〝逮捕される〟リスクが警告され、またリスクへの適切な対処法〝中で（吸う）〟も示されている。ここにみられるのは、情報ノートへの記載により旅人の逸脱体験を助長している（経験可能性を示唆している）と同時に、ある程度の自制も求めるといった両義性である。著者の観察では大抵の日本人宿には、逸脱の情報提供者となりうる経験を積んだ旅人の存在や、宿のオーナーがその役割を果たしているケースもある。しかしながら、彼らによる監督や情報ノートにおける警告（『地球の歩き方』にも注意を喚起する記述がある）により過度な逸脱は抑制され、非日常的な自由を提供しながらも適度な自治が守られている。日本人宿は、日本（日常）の規則による統治が及ばない一方で、その存在が崩壊しない程度には旅人自身により統制されたアジール的[59]（自由領域）な空間でもあるといえよう。

註

54 具体例として北海道テレビのバラエティ番組『水曜どうでしょう』の内容に影響を受けたと104は語っている。

55 下川裕治『12万円で世界を歩く』朝日文庫、一九九七年においては、旅行の計画、旅行中の模様、旅行後の回想という過程が描写されている。

56 日野強『伊黎紀行』博文館、一九〇九年を参照。日露戦争後の一九〇六年、陸軍軍人であった日野強は新疆地区の視察を命じられた。本書は日野が北京から清国に入り、シルクロードを抜けてインドまで旅した記録。

57 現在、外国人がチベットに入境するためには中国当局が発行する旅行許可証に加えてツアーガイドの帯同が必要となる。以前は、個人旅行者であれば周辺地域から闇バスなどの利用といった非正規的な手段で事実上ノーパーミットでも入境できたが、二〇〇八年のラサ暴動以来、規則が厳格化している。

58 ラオスでは大麻吸引は非合法行為であるが、多くのバックパッカーが滞在するバンビエンやファンシーパンにおいては、レストランのメニューに大麻の値段が記載され販売されている。
59 アジール論で最も知られている研究の一つとしてオルトヴィン・ヘンスラーによる『Formen des Asylrechts und ihre Verbreitung bei den Germanen』（1954）＝『アジール―その歴史と諸形態』舟木徹男（訳）、国書刊行会、二〇一〇年が挙げられる。

第七章「経験」

本章で検討する「経験」は、バックパッカー旅行者の体験に関して、過去から現在、そして未来へといった時間軸からその変化を考察する観点である。

7.1　いろいろな経験をしたいから――体験として蓄積される

対象者113にとっては、インタビュー時の旅行が初めての国外旅行であった。113は、一ヶ月後に大学院修了を控えた学生生活の最後の長期休暇中であるが、なぜ、このタイミングで国外に行く必要があるのかたずねた。

著者：なんで海外に行こうと思った？

113：もともと行こうと決めてて、でその時期的に今がチャンスだっていうことと。いろいろな経験をしたいから。ま、いろいろな文化に触れて、こう見識を広めたいっていうのが一番の、主な、ま、いろいろ理由あるんですけど、一番の理由かなと思います。

I13は旅行の動機としては、〝いろいろな経験をしたいから〟そして、〝文化に触れて見識を広めたい〟と言う。これらは林・藤原の旅行動機の分類では、「体感動機」と「見聞動機」に当たる。前もって計画を立てていた（〝もともと行こうと決めてて〟）ことからも、I13が旅行の経験を通して文化資本を求めていたのがわかる。

著者：いろいろな経験というのは例えばどんな経験をしたいとか考えてました？
I13：うーん、特に目的はないです。経験というかその場その場で旅して旅先で色んなものに出会って色んな人と出会って、色んな価値観とかに触れて。で、多分、目的持たずにいろいろ経験すると振り返った時になんかこう、体験として蓄積されるっていうか。多分、目的持たずに、こう、いることがなんか逆にこう経験とか広がる、見識とか広がると思うので、いろいろな経験したいって目的あるんですけれど、どういう経験をしたいっていう目的は特に据えてないですね。

I13は、具体的な経験の内容は想定していないが、機会（〝チャンス〟）としての経験を欲していた。〝もの〟、〝人〟、〝価値観〟に出会い、触れたかったという。あえて目的を設定しないことが、機会を狭めないでいられるという含みもある。また、旅行後に経験を振り返った時に、〝蓄積される〟、そして〝経験〟を〝体験〟と言い換えていることから、身体化された文化資本の量を拡大させるといった志向がみられる。I13にとって旅行とは、その場その場に身を投じ、そこで会得したものを追憶することで自身を刷新していく行為なのである。なお、質問調査票の「旅行体験の意義」にI19は、〝全ての事は、何かしら自分の血と肉になっているでしょうから、そう思います。具体的にこれだ！というのは考えていません〟と書いている。旅行経験を身体化することは、旅人たちに広く共有されている営みである。次項目では、旅の経験を経て変化する旅人の精神性に着目していく。

7.2 自己肯定感を増したい―いろんな経験、衝突で成長してきた

I18は、旅行をする動機の一つには、他者に旅で得た経験を自慢できるという利点があると考えている。自慢という行為に主軸を置き、旅行を通してI18に表れる変化を検討していく。

著者：えー、自慢することによって何か得することがある？

I18：それは、やっぱ、もちろん、こう、自分の自信がないんで、その、自己肯定感みたいな。増すじゃないですか、自慢すると。

I18は、自身の自己肯定感が低いと自覚しており、自慢する行為によって〝自己肯定感〟（〝自信〟）が増すと述べる。

著者：ちなみに、今まで、そのいっぱい旅行されてきて、その自己肯定感はどうなった？

I18：どうなんだろうなー、でも自慢することによって、自己肯定感ってか、その、そういうのは一時的には、多分、上がるんだけど。お前がしてない経験、俺はしたんだぜっていう風に比較して、相手を下げるじゃないですか。でも長期的に考えたら、やっぱ少しずつ上がってはいるんですけど、それは自慢することによってではなくて、なんていうんだろうな自分自身がこう、いろんな経験、衝突とかいろいろあるじゃないですか、向こうでは。日本も含めてですけど、成長してきたことが大き

いのかなっと思います。自慢によって、自分は、そんなに成長しない。成長っていうか、自己肯定感そんな上がってるイメージはないですね。

他者に旅行体験を語るということは、その体験を認知させ象徴性を高めるということであり、I18の自慢という行為は、象徴資本による他者への差別化・卓越化（〝お前がしていない経験、俺はしたんだぜ〟）と説明することができる。しかしながら、自慢による卓越化での自己肯定感の上昇は一時的であり、〝そんなに成長しない〟と彼は語る。それよりも〝いろんな経験、衝突〟が〝成長〟に寄与するとI18は述べている。そのため、文化資本などの実質的な資本の蓄積が長期的な目線では自己肯定感の成熟に寄与していると考えられる。I18が旅行体験に自身の成長を求めていることから、旅人の間でも「前進主義的価値観」が共有されていることがわかる。次項目からは、旅行によって獲得された技術という、目に見えて観察できる「経験」の現物的な側面に焦点を当てていく。

7.3 旅行の上達―レベルアップはしてるな

これまでに、本研究では旅行体験を経る中で蓄積される文化資本（旅行技術とは別に、日常的な文脈にも通じるもの）について言及してきたが、バックパック旅行を実行するスキルや能力も一種の資本としてとらえることができ、それは蓄積され発展するものである。そのため広義の文化資本に含まれ、その一部分として「旅行資本」と言えるだろう。

著者：うん、ステップアップというか、どういうところが新たな気づきというか、なんていうか、覚えてなかったらいいんだけれども、その？

108：いや、あるな。でもやっぱ一つ言えるのは旅するごとに俺は自分でも自覚してるけど、レベルアップはしてるな。それは具体的には何かと問われれば、まず一つは、まあ微々たるもんやけど英語力[60]。せやな。少なくともこのいっちゃん最初フィリピン行った時よりは現状の方が絶対聞き取れるし、しゃべれるもん。それが一つ。（中略）あとは、レベルアップ、なんやろか。心のゆとりちゃうかな、やっぱり。どっかでどうにかなるわーって思う力が強くなっていく。例えば最初の頃だと宿探しているだけで心配てかテンパるやん結構。あるかな泊まるとことか、どうやって探したらいいんやろとか、すごい不安な気持ちになるねん、新しい街行ったら。

（中略）

著者：やっぱり、それまでヨーロッパに行かなかったのはどういう理由があったのでしょうか？

108：うん、せやな、興味がある順かな。この旅は俺なりに多分考えてなかったけどテーマっていうのが多分あったと思うねんな。まあ、初めてのフィリピンは初めての外国を体験するみたいな。で、二回目は国境越え。三回目は憧れのインドに行く。で、これはアジア横断的な。陸路で飛行機を使わずにアジアを抜けてイスタンブール。トルコのイスタンブールまで。

旅行資本には、旅行を実行するための英語力（多くのバックパッカー経験者が個人旅行へ参入する際の障害となっているとアンケートで回答している。旅行の遂行に役立つ基礎的な文化資本とも推察される）、旅

行体験そのものの多寡（108は、旅行経験が増えることで心のゆとりにつながり、未知の体験への心構えが醸成されたと語っている）、さらには（次で扱う）旅行を円滑に進めるための知識などが含まれる。旅行者が獲得した旅行資本は、他者にそれを語る際、象徴性を帯びた文化資本として認知される。また、バックパッカーの界（旅行者たち）の間では、旅人の持つ旅行資本の多寡が、その者自身の象徴性を表し、旅人間のヒエラルキーが形成されている。バックパッカーのヒエラルキーは多くの場合、前項目の116が語る〝ちゃんとしたバックパッカー〟のように、旅人自身の認識を通して位置づけられている。または、旅行記やSNS投稿によって、高い旅行資本が顕在的に表出されることがある（アンケートからは旅行記に影響され、著者を後追いする形で旅行を始めた者も確認された）。旅行資本は、単に旅をする技術に留まることなく、象徴性を帯びることで旅人の自己充足感をも満たす（〝心のゆとり〟）。技術と精神性（自己認識）には相関性があるのである。次項目では技術を通して、制度化されたバックパック旅行という側面に着目していく。

7.4 旅行の知識と技術の蓄積――追々バックパッカーになった

バックパック旅行を、個人旅行を遂行する技術やノウハウが集積された体系とみなすこともできる。本研究のインタビュー対象者の中でも、119のようにバックパック旅行は長期間にわたって廉価に旅をおこなうための技術（形式）であると答える者がいた。

著者：なるほど、そういうの通して少し余裕が。
108：うん、ゆとりがな。
著者：まあツールみたいな方法手段は追々。まあスマフォでの地図[61]とか。

108：だって俺この辺（最初の旅行）とか全然 Wi-Fi とか分かってなかったもん。でも周りの人は言うてるわけやん。あっこ、Wi-Fi あるみたいな。Wi-Fi あったらどうなるんって。なんとなく分かるねん。電波、電波的なものがあるんやろうなって。でも俺なんの関係も無いやん。何も持ってないから。（中略）今まで単発とかやったから、あんま日本人に会ってないんや俺。そうそう。で、かつ俺ドミトリー[62]とかも多分、この頃知らんかったんちゃうかな。だからドミトリーってのもあんま意識になくって、その辺の人に安い宿教えてって聞いて、（中略）ってかドミトリーって概念なかったんかな。でもこの旅（二回目の旅）からドミトリーの方が安いし情報集められるって気づいてきたんやろうな俺。（中略）そうやな、ここ（アジア横断旅行）のビザ取りはだいぶレベルアップしたし、めっちゃめんどくさいなってのもあるな。

108は、旅行資本（基礎的な英語力や旅行経験）を多く持たない旅人であり、国外旅行は初めての経験であったが、個人旅行の形式でフィリピンを周遊した。旅行当初の108には、バックパック旅行という概念自体の認識もなく体当たり的に現地に赴き、現地で受けた客引きとのやりとりを通して、宿泊や観光地への訪問を決定し旅行を進めた。知識を持たずその場の判断で、時には環境に左右され押し流されるように旅をすることは、元来の冒険旅行のあり方に近い（環境圧に対し旅行者は受動的にならざるをえないが、そこにも旅人自身の判断・決定という主体性の余地はある）。108は旅行経験を重ねる中で、次第に〝ドミトリー〟や〝Wi-Fi〟といった、旅行を安上がりにするツールに触れたと語っている。長期に及ぶ二回目の旅行からは、ドミトリーでの交流から情報も得られるようになった。108は現在では、自身をバックパッカーであると認識しているが、それは当初の旅からでなく、旅行を重ねる中で周囲の環境や他者からの影響により獲得されていった。バックパック旅行とは、一つのパッケージ化された冒険旅行（つまり

は制度化された冒険と言える）を遂行するためのメソッドであり、108の個人旅行の試みは意図せずして、その文脈に回収されていったともいえる。

註

60 旅人へのインタビューにおいて、旅行を遂行する上で最も困難な要因として、しばしば語学力の不足が語られる。
61 現在では旅人の多くがオフライン環境下においても使用できる地図アプリ（MAPS．MEなど）を活用している。
62 複数人の旅人でもって一室を共有する（六人部屋や八人部屋など）宿泊スタイル。シングルの部屋に比べて安価である。

第八章 「語り」

本章で検討する「語り」は、バックパック旅行によって獲得された体験に付随する、その象徴性が発揮される場面に関して、考察を加える観点である。

8.1 象徴としての語り―他人に言える経験が欲しかった

I18は、大学を再受験しており、入試後から再入学する前までの空いた期間を利用して、バックパック旅行に出た。I18は旅行の動機について次のように語った。

I18：なんか、最初は、こう、○○会（大学受験予備校）行ってたじゃないですか、僕。なんかその、△△大学落ちて、獨協大学に、その獨協休学してたんですけど。で○○会、一年通ってて、で△△大学落ちて獨協に戻る時に、そのまま落ちて行くとダサいじゃないですかー。だから、なんか、バックパック行ってきたぜって最後に言えばー。つまり四月から戻るんでー、三月まるまる、つまり、落ちたとしてもその間、期間が空くじゃないですか。その時にバックパックしてれば、その箔が付くなっ

――ていう。

I18は、当初より入試に落ちることを想定しており、仮面浪人生として一年間過ごした大学に〝そのまま〟（いかなる経験も積まないで）戻ると〝ダサい〟と考えていた。彼は、大学に戻った際に、他人に語れる経験として、一ヶ月間で可能な東南アジア旅行をすることを選択した。彼は〝箔が付く〟と述べていることから、I18がバックパック旅行を他人からの評価を上げるため、容易に象徴性のある経験を積める手段としてとらえていることがわかる。

著者：それは、あの、△△大学に入学する前っていうことですか？
I18：前です、はい。
著者：前で、その獨協休学しててー、試験に受かってー、じゃあその三月に空いた時に行ったたってことですか？
I18：そうです、そうです。で動機としては、落ちると思ってたからー。落ちても、そのままじゃなくて、そのちょっとこう箔を付けてー、少しでもプライドを維持したまま行こうとは思う。

I18は、試験に落ちた場合の他人からの評価、そして自己肯定感を穴埋めするために旅行を計画した。彼の内面では、他者からの評価と自身による自己肯定感（プライド）という、二つの評価基準が意識されている。

――**著者**：え、それ、バックパック旅行に行ったら箔がつくと思ってた？どんな箔がつくんですか？

118：思ってたです。なんか、バックパックって、最近はあれかもしんないけど、僕がそんとき思ったのは、そう簡単に行けないものだと思ってたからー。貧乏旅行するわけじゃないですかー。なんか、ちょっと、頑張ってきたぜみたいな。うふふ、成長してきたぜじゃないんだけど。

バックパック旅行は、自らが困難と考える状況（そう簡単に行けない）に自身を参入させ、頑張って自己を成長させる（各種資本を獲得する）経験であると118は考えていた。

著者：成長してきたぜ。うーん、え、頑張らないといけないんですか、やっぱり？

118：どうなんだろうなー。まあでも、経験。一つ他人に言える経験みたいなの欲しかったってのもありますよね。

118は、他人に語る経験を得ることを目的として、旅行に出ていた。

著者：ふーん、同級生の子たちに？

118：そうそうそうそう。

著者：それが箔になると？

118：なるとおも、思った。

著者：でその、実際、語ったりしたんですか？

118：あ、しました。友達と二人で行ったんですよ、その時、一番仲よかった、獨協時代の。でまあ、こういうとこ行ったよみたいのは。ま、△△大学受かってからも、ちょこちょこ獨協には行く機会があったんで、説明はしてましたけど。

著者：△△大生に旅行体験を話したということですか、じゃあ？

I18：あっ、違います。獨協大生にも話したし、△△大学の人にも話した。

著者：どんな風な場面で話す？

I18：うふふ。まあ、でも帰ってきたのは四月一日とかだったんですよー。入学式から二日で。なんでどこ行ってたのみたいな話はしてましたよね。まあ、こういうところ、友達の、こいつと一緒に行って、こういろいろ回ってたよみたいな。

I18は結果として再受験に合格し、新たに入学した大学では自己紹介も兼ねて旅行体験について語った。そして、以前に在籍していた大学の友人にも話をしたという。I18にとって新たな環境で他者がしていない体験を語ることは、自身の優位性を発揮しキャラクターを他者に認知させる効果があった。また、入試に合格しなかった場合の保険としても活用できる。彼にとって旅行は、予定がない空白期間であっても、積極的に自分を成長させる機会であった。彼の実践からは、他者による、さらには自身による評価の目に絶え間なく悩まされる現代の若者の自己像が見えてくる。まだ確立されていない所属という環境の不安定さにさらされ、ゆらぎうつろうアイデンティティには、たゆまぬ向上心と、他者・自己ともに誇れる象徴的な体験が必要とされるのである。次項目では旅行体験に含まれている旅人の将来における潜在的な象徴性をみてゆく。

8.2 象徴体験を身体化する（潜在的な象徴資本）――お客さんに面白い話をできたら

旅行体験が持つ意味の継時的な変化を捉えるために、本インタビューでは当事者に旅行体験が将来において役に立ちそうかどうか認識を問うた。

著者：ふーん。115さんは旅行体験が今後の人生に役に立つと書かれてますね（質問調査紙に）。それはどのように役に立つと思いますか？
115：それは、えー、たぶん旅行経験だけ、旅行経験もそうなんですけど、いろんな経験をすることによってー、自分の幅が広がって深みが、ま、面白い人間なるかなと思ってるので。それは旅行だけじゃなくて美術館、行くだけでも。
著者：なんか具体的に、こういう風に役立てたいとか思うことあります？
115：うーん、僕の場合、やっぱり、営業するので、お客さんに面白い話をできたら、いいかなと思っています。旅先での。

115は旅行体験について、自身がいろんな〝経験〟を積むことで、幅が広がり深みのある面白い人間になると述べている。旅行は美術館に行くことと通じると語っていることからも、ここでの〝経験〟は主に文化資本と関連した面をもつ。115は、経験が役に立つ場面として将来の仕事で、営業先で旅行体験を語ることを例に出している。文化資本として潜在化（身体化）された旅行体験は、その後に語られ他者に認知されたとき、象徴性が付与され仕事上でも活用できる資本へ転換される可能性を秘めている。次項目では旅行経験がもつ、他者には共有されない象徴性についてみていく。

8.3　自己満足としての語り―自慢したいだけです

118はバックパック旅行の動機として、"他の人がしていない"経験を積む志向をたびたび語る。著者は、118が得た旅行体験は彼のなかでいかに意味づけられ、資源として活用されているのか質問した。

著者：他の人がしてないことをすることに何か意味はあるんですか？
118：えー、うーん、何だろうなー。他の人のしてないことをすることに何か意味はあるか。まず、第一に、こう自慢できるっていうのと、自慢したい、自慢したいなって思うのと、対外的に言うんだったら、自分の成長にはつながるかなって思うな。思いますよねー。
著者：あー、成長。成長しないといけないっていうこと？
118：いやー、成長したいですよねー。もっと、もっと。
著者：その成長を旅行に求めてるっていうことなんですか？
118：いやー、メインは多分自慢したいだけですよね。あはは。自慢したい。

118の旅行体験を他者に自慢する（他の人がしてないことを語る）ことは、自身のバックパック経験で高めた主観的自己評価を他者からの評価にも広げたい気持ちの表れだろう。118は自信がないとも語っており、他人の評価を向上させることで、自己評価を改善させたいのかもしれない。

著者：そうかー、自慢したい。
118：自慢したい、自慢したいです。あんましないすけどね。

著者：あんましないんですか？

118：あそこよかった、みたいな話はするけど、こう、相手を下げるような感じには、あんま、最近言わないんじゃないかなー。どうなんだろう、そんな通じないじゃないですか。なんか、やっぱり言いたいことは、みんなの行ってない場所に行きたいんだけど、基本的な場所はみんな行ってるから―、どんどん、マニアックな場所になっていくんすよ。それを説明する間に相手が飽きてくるんで、ふふふ、あんまり自慢できる機会なかったりしますよね。（中略）経験、詳細に言語化できなくないすか。良かったよって話はできるんですけど、伝えられなくて、だから、そこはもどかしさがありますよね。自慢になんないっていうか。

バックパック経験で、必ずしも当事者の社会的な地位が上昇[63]（例えば社会的な威信がある資格を取得する、職位を得る等）するわけではない。しかし経験を積む、成長した、と自認することで自分が内面で認識する、自己の刷新・再定位がおこなわれている。直接的に見返りが得られない自己満足の自分語りにおいても、自己評価の基盤となる体験として、バックパック旅行は位置づけられている。語りが他者に評価されない場合でも、本人の内面では旅行体験に、他者に共有されずとも小さな象徴性（旅行に出る以前の過去の自分を卓越化する）が付与されている。さらに118は、旅人は旅行経験を積み重ねる間に、その嗜好（旅行地など）が次第にマニアックになっていき、旅行体験を他者に認知させることが難しくなっていくと述べる。当初は、他者に評価されることを目指して〝他の人がしていない〟旅をしていた118だが、旅人として成熟することで、旅の内容が自己完結的（他者と共有できない）になってゆくという逆説が生じている（〝自慢になんないっていうか〟）。旅行経験から資本を獲得し、自己の確立を達成した118の意識は、〝他者を下げる〟ことによる卓越化よりも、自身のさらなる〝成長〟を求める方向へと変化している。

旅行経験の蓄積は旅人に、個人の物語の形成を促している。次項目では旅人の物語と旅行先の環境とが交錯し、影響を及ぼしあった状況について検討する。

8.4 書き残された旅人の正義感—お金で春を売ることはさせたくない

〝2013・9・19
ビエンチャンから来ました。マイチャイという名の置屋の女の子を追いかけて。マイチャイは祖父母の借金のために置屋で働かされています。その客の大半は日本人です。
ビエンチャンの置屋に金を払い、一ヶ月誰ともブンブン[64]しないようにしたのだけど、田舎のバンビエンに戻ってまた売春をしているような感じです。それで追いかけてきました。
6月に会ったマイチャイと9月に会ったマイチャイはだいぶ変わっていて、性格もすさんでゆがんでいました。僕がラオスを離れてしまえば、また春を売る生活に戻るのかもしれないけど、僕がラオスにいる間はお金で春を売ることはさせたくない（僕を含めて）
9／19・20と電話や置屋めぐりをして探したけれど、なかなか行方がつかめない。（カズさんありがとう）一日でも早く見つけて祖父母の元から離さないといけない！
※ ちなみにマイチャイは13さいです。そして客の大半は日本人です。一人のラオス娘を壊しているのは同じ日本人なのです。引き続き探してます。見つかるといいなあ。
2013・9・1早朝〟
（匿名投稿者、チャンタラゲストハウス情報ノートNo.3）

バックパッカーは個人で一時的な旅行をしているが、時に現地の環境に積極的に深く介入することを試みるケースがある。旅人は金銭を支払い、宿泊やアクティビティのような対価を受け取るといった、ホスト／ゲストの関係が通常は成立している。しかしながら先のノートの投稿者は、その構造[65]のあり方に自身の正義感からか異議を唱え、身請け金を支払って状況を打破することを試みている。そこに見てとれるのは、ホストとゲストの関係性の反転であり、彼はゲストである日本人たちの良心に問いかけている。投稿者は、情報ノートを通して同朋〝同じ日本人〟が現地の環境を〝壊している〟という自身の考えを訴えかけ、彼の正義感を広く浸透させようとしている。それは、投稿者が現地を旅することで得た、個人の物語を他の日本人と共有しようとしている（〝僕を含めてさせたくない〟）。現在のバックパッカーの旅行は個人の物語として帰結しがちだが、旅先での「気づき」を社会にも、再帰する（自身を参照する）ことを要請する試みが見てとれる。個人の物語は書き記されることで認知され、象徴性を帯びて社会へと還元されていく可能性がある。旅を通して旅人はなんらかの「気づき」を得る。そのため、微小ながらも社会を変えようとする理想と実践が、バックパッカーの旅行によって生み出されていると言える。

註

63 社会空間図式上における位置の上昇。
64 ラオスはベトナム戦争時より、米空軍の拠点があったバンビエンを含め米軍兵士の慰安地として性風俗業が発達している。
65 性交渉を意味する現地の隠語である。

補論１　自らのうちに象徴体験として位置づける―記憶は財産です

120は質問調査票に、旅行動機について、海外で〝比較的に上位にある非日常体験〟そして〝日本ではできない危険を伴わない程度のアクティビティ〟を追求したいからと書いている。またインタビューでは、バックパック旅行には〝他力本願な自分を変えたい〟という目的があると述べている。それらは、これまで取り上げた内容と重なるが、120の場合、体験を記憶に残すことに特に価値を置いている。旅行体験の記憶は旅人にとって、どのような意味を持つのだろうか。

著者：その記憶に残って、じゃあ、そういうのって、その後の人生でどういうふうな意味を持つのか。

120：うーん、ちょっと最近思い出したのが、その、あんまり覚えてなかったりとか、その、ただ、だらだら過ごしてきたのが、むなしいなっていうか。そんな気がしちゃって。誰でもできる体験を、まあ、人並みに覚えてる程度なのがちょっと、悔しいまではいかないんすけど、ちょっともったいないなって思ったんで。

120は過去の人生を振り返り、人並みの体験しか思い出せず、取りたてて印象に残っている体験がないという。また、惰性的に過ごしてきた人生がむなしいという。120は自身の人生を他者と比較して（〝人並み〟）、さらには過去と照らしている。〝もったいないな〟という言葉からは、可能性があった過去という観点が想起される。

著者：やっぱ、記憶に残るほうが価値がある？
120：そうだと思います。

120は記憶に残る体験が価値があると語る。120の人生の未来の段階を仮定して、その価値づけについて質問してみた。

著者：それ何か将来、役に立つと思います？
120：役には、はっきり言って役には立たないと思います。立たないと思うんすけど、もっと大人になってから、今よりは、むなしくないかなと、その。

120は将来においても旅行体験は役に立たないと語る。（他の発言箇所では、より具体的に〝それのおかげでお金持ちになれるわけでもない〟、〝一回の経験で行動の基準が変わったりとかしない〟と述べている）。ただ、〝今よりは、むなしくない〟と語っていることから、実質的な「経済資本」や「ハビトゥス」[66]（行動基準）とは別のところに、実体を伴わない資本、あるいは120の意識にでのみはたらく仮の満足感があるようだ。既に二一歳にもなる120が〝大人になる〟という想定を持ち出すところは、追って考察する。

著者：むなしくない？

120：その例えば、旅行に行ったとして、うん？　行った自分と行かなかった自分がいるとして、そのまま成長した、していったときに、旅行に行ってた自分の方がむなしくないかなって思います。勝手にですけど。

旅行体験を語る際には、場所の移動に加えて「時間の移動」が頻繁に持ち出される。〝成長〟という言葉からも、しばしば旅行に出る以前の自分、あるいは「少年時代」という幻影が発話者によって想像されているところがある。

著者：じゃあ、充実感っていうことですか。

120：うーん、ああ、そうかもしれないっす、その。そうだと思います。充実感だと思います。充実感もあると思います。ちょっと難しいっすか。言語化できないんですけど。

120の人生を満たすもの（〝むなしくない〟と感じられるもの）の正体を探ろうとしたが、彼は明確に言語化できず、実態がつかめていない。ひとまず〝充実感〟という言葉を当てはめてみたが、完全に適切ともいえないため120に再考を促した。

著者：うーん、そこを何か考えてほしい。

120：うーん。充実感。

著者：そうやね、記憶に残るっていうことの意味。

120：で、その意味は、大人になった自分に、大人になった自分。もちろん今も大切ですけど、大人になった自分がよりまあ、あの頃は楽しかったなと思えるぐらいな。その、あの頃、あの頃っていう記憶が多ければ多いほど、強ければ強いほどいいと思うんで。で、いいと思うっていうのは、その、やっぱ、その充実感なんすかね。充実感、充実感だと思います。

120は、〝あの頃の記憶〟を強く持つほど意味があると語る。〝あの頃〟とは、120が想定した将来から振り返った「〝今〟（現在）」である。それは未来の120が、人生を振り返った際に追想の立脚点となる現在の体験を意味しており、過去から現在へと橋渡しされるアイデンティティ（自分はどこから来た何者なのか）を補強する橋頭堡となる体験である。旅行は、反芻され咀嚼されながら経験される連続性を持った体験である。人生の糧として〝あの頃〟の記憶を多く、強く（鮮やかに）、蓄えられた者が充実感をもって生きることができる。

著者：まあ、記憶として財産になると思ってるか。財産。

120：うーん、その。財産、うーん。財産、うーん。ちょっと言い過ぎたかな感はある。書き、うーん、書いてて（質問票に）、うん？とはなったんすけど。財産までは言えないですけど。

著者：財産っていうと、何か使えるっていうことですか、それは。

120：ああ、そうですね。そっか。うーん。充実感を得るための財産ってことになるのかもしれないっすね。

著者：充実感を得た後の人生ってどうなると思う？

120：まあ、うーん、充実感って。ま、ここまで来ると多分、人生の価値とはとかになっちゃうんすけど。うーん。その人生の価値は分からないんすけど。やっぱり、充実感を、充実感があったほうが、財産、うん？　充実感があったほうが、その、人生の価値は高いんじゃないかなって。当たり前なのかもしんないですけど。

120は、記憶は〝財産〟であると語る。旅行体験は、自己によって追憶され再び認知され〝人生の価値〟を高める「象徴資本」だと考えることができる。

註

66 石井（1990：iv）によるとハビトゥスとは〝もろもろの性向の体系として、ある階級・集団に特有の行動・知覚様式を生産する規範システム。各行為者の慣習行動は、否応なくこれによって一定の方向づけを受け規定されながら、生産されてゆくことになる。〟

補論2　かつての旅人はどこを目指したのか

ここまで取り上げた約二〇名の若者・学生のバックパッカーは、全員が二〇〇〇年代以降に旅行を経験している者たちである。彼ら／彼女らの語りから、本研究では、現代の若者によって経験される旅行体験の解明に注力してきた。しかしながら、彼ら／彼女らの旅行の実践、そしてその背景にある社会的に形成された価値観は、他世代の旅人の語りを通して相対化することで、より鮮明に浮かび上がらせることができる。そのため、山口誠が分類するバックパッカー第一世代（2010：147）[67]である旅人たちに、座談会という形式をとって、彼女らに自身の旅行体験について語ってもらった。本項目では、その語りの中でも主に旅行者の価値観に大きく影響を与えた社会背景について述べている箇所を見ていく。また補助的な分析として、現在の旅人との相違点に関してコメントを付け加える。本座談会は二〇一七年七月一五日に、東京都下にある対象者121の自宅にて実施されたものである。

121：一九五三年生まれ。女性。既婚。福岡県出身。職業はテキスタイル作家。金沢の芸術大学を卒業し、その後上京。学生時代よりインドや東南アジアを頻繁に旅行。

122：一九五六年生まれ。女性。既婚。山梨県出身。職業はTシャツのデザイナー。東京の芸術大学を卒業。学生時代よりインドに十数回の渡航歴がある。

121：えっと、私たちは一軒を借りて住んだけども、大人になってたからね。でも、当時、そういう人たちもいっぱいいた。まだいっぱいいた。で、ここはあの、美大が多かったし、あと、音大があったのよ。だから、音を出す仕事とかする人たちが、米軍のハウスを借りるケースが多かった。うん。で、あの、だから、面白かったよね。当時、その。

121及び122は美術大学在学中、また卒業後の当時（一九七〇年代中頃）、東京西部、立川・福生周辺にあった戦後に米軍宿舎が払い下げられた〝ハウス〟[68]と呼ばれる形態の住宅に居住していた。それは自らの創作活動のため、そして居住を共にする他の住人たちが持つアイデンティティに共感を覚えていたからである。121は大学卒業直後の頃を振り返って話をしているが、〝大人になってた〟と語っている。本研究で面接してきた若者たちからは頻繁に〝大人になったら〟、〝成長〟といったキーワードが発言されたが、両世代間には自意識の相違があることがわかる。121は、既に獲得された主体性という自己認識を持って、当時を振り返っているからだ。

122：そう。だから、あとは、ものづくりとか、私なんかは、ここじゃなくて福生のほうで借りてたんだけど。そうすると、まあ、だからそこでTシャツを家の中で作って、みたいな。普通のアパートとかそういうのだとさ、できないし、夜遅くまでやってるわけにもいかないけど、ほんとに一戸建てがこう、まあ、集合して、あるんだけど。ボンボン、ボンボンってあって、っていうふうな感じ。

真ん中に広い広場みたいのあって、そこに車止められて、みたいな感じで。結構、それは、自由にね。一つのなんか、自由なシンボル的な感じで借りられてたんでね。

121：もし、それを知りたかったら、えっと、あれか、村上龍の『限りなく透明に近いブルー』がよく書かれてる。あの時の、あの空気感っていうの。

122は、ハウスを〝自由のシンボル〟であると語る。そこには外部の社会とは異なった自らの創作活動に都合のよい環境があり、122はライフスタイルとしても自由に生きることを実現できていた。彼女たちは、ハウスに身を浸し芸術志向の日々を送りながらも、次第にインドや東南アジアなどに旅行に出かけるようになった。

著者：その空気感とインドはなんか関係あるんです?

121：ある、あると思う。

著者：どういうふうに。

121：うーん。なんか、やっぱりその、それはちょっと背景に七〇年代。六〇年代もそうだけれども、七〇年ってのがあるから。あの当時、学生運動のうねりがあったわけ。今も、このあいだのデモ、行ったじゃない。

著者：はい、はい。

彼女たちが語る〝自由〟という価値観の実践と、定期的に旅行に出かける行為に、つながりがあるのかどうか質問をした。121は自らが影響を受けたこととして、当時の社会背景では学生運動やデモの機運が

高かったことがあると述べる。

121：あのー、当時の学生たちも、何かその、アメリカにばっかり迎合している社会じゃなくって、ベトナム戦争がちょうどあったしね。それに対して反対ってことともに、あの、今の社会がおかしいんじゃない、って言った学生はいっぱいいたの。で、何となく知ってるでしょ。当時、バリケードがいっぱいあって。入試も。東大入試がなくなったり[69]とか、いろんなことが当時あった。その、ま、彼（121の夫）がちょうどその真ん中ぐらいで、私がその一番最後ぐらい。で、もうちょっと122ちゃんはあれだから。

122：そう、そう。私がもう、それを。私の姉がそういう何とか派みたいな、やってたみたいな、こう。なんか、この辺、青あざで帰ってきて。

121は当時の社会では、日米の安全保障条約下でベトナム戦争を支援する日本政府への反対、そしてより拡大的には、大学の体制を例として様々な矛盾をはらんだ社会体制へ異議を表明するムーブメントがあったと語る。彼女たちはその潮流に乗った世代であり、当時の風景について語る。

著者：うん、121さんとかも活動されてた?

121：してました、してました。高校のときに。

著者：高校のときですか。

121：高校生のときに。当時は結構、みんなそういう意識はあったんで、右にしろ、左にしろ、みんな、ディベートやってましたね。ちゃんと真剣に。学校の中でね。

122：だから、たぶん、その辺がね、一番大きな違いだと思うの。今と、今の現代の、まあ、若者っていうか。若者っていうの、その、社会と。おかしいとは言っても、おかしいとは言うけど、それに対してどうっていうふうな、行動に、出したり、こう、しゃべったりっていうことが、今、少ないでしょ。で、当時は、そういうことをやっぱり、ある程度、表明する人が、たぶん。ま、私たちの周りっていうか、知ってる範囲だとそうかもしれないけれども、多かったし。もちろん、その、さっきのヒッピーみたいな文化もそうだし。ヒッピーだって、結局、まあ、私なんかは遅れてきたヒッピーだけど。その、そういうものを、こう、ね、ある意味、憧れて見てきたり。アメリカに憧れてたし、いろんな、その、なんか、矛盾と憧れと、なんか、羨望といろんなものを。その、インドだけじゃなくて、インドに行くっていうことの中には、アメリカとの関係とか。いろんなもう、ほんとに社会との、何て言うの、自分の意識がどこにあるかっていうことによって、何かあった人が、たぶん、行ってたと思う。

121も当時、高校生の時にはすでにデモ活動に参加していた（反体制側として）と振り返る。122は、当時の若者は現代に比べ、社会に対する意見を持って表明する傾向が強かったと回想する。彼女は、現代の若者も社会への疑念は抱いてはいるが、当時と異なり行動に移して（思想を）表現することが少なく自閉的であると語る。また当時、思想を共にしてカウンターカルチャーを表現する文化を世界的に連帯していた集団として〝ヒッピー〟への憧れ、さらには自由を体現している国としてアメリカへの憧れが彼女にはあったと言う。そして、122は社会への疑念、〝矛盾〟を感じていた者が、〝自分の意識〟の立ち位置を考える機会としてインドに行っていたと述べる。

―― 121：あの、一番大っきいのは家族構成だと思うの。私たちの世代は、親っていうのが戦前生まれだから。

著者：はい。

121：大正とか、昭和の初めに生まれてるから、当然、戦争のときに二十代とかさ、ね、そのくらいで一番被害に遭ってる人たちなんだよね。戦争にも行ってるし。で、そういう人たちから、私たち、育てられてるわけだから、当然、価値観がまったく違うわけ。戦後に生まれてるからね。で、私たちは、戦後。（親は）昭和一桁。（私は）昭和三一年？

122：いえ、違います。

121：あれ、昭和三〇年？　昭和三〇年ぎり、あれだね。だから、昭和一桁って言われてる年に生まれてるから、その、ぶつかるんだよね。親とかそのもう一つ上の人、世代と。家の中でまずぶつかる。で、その中で自由を獲得するには、そことまず闘わなきゃいけないっていうのが、今と違う大っきなとこだと思うの。

著者：は、なるほど。

121は、旅行（外の世界）へ出るきっかけとなったことに、社会への反発に加えて家族内での親への反発があったと言う。戦中派と呼ばれる世代の親たちと、戦後派の世代である自身の持つ価値観は大きく異なり、それゆえ衝突があったと語る。その状況下で自分の意見を申し立てるためには、闘う必要があった。

121：うん。で、私の場合には高校時代にそういう政治的な活動があって、それを、あのー、ちょうど「ラッキー」って感じよね。あの、普段感じていることが、そこでもっと大きいテーマとして出てきたわけだから。あの、自由って何とか、あの、どういうふうにして生きてけばいいの、みたいな

ことが、その。何となく言葉とか何もならないけど。親との、その、親がどんどん圧力をかけてくることに対して、おかしい、おかしいと思ってるわけで。おかしいと思ってるのが、あ、こういう訳かもしれないっていうことが、あの当時、提示されて、それで、あの、学生運動に関わっていくわけ。

著者：うーん。

121は自身と親から抑圧されそして対立する関係を、より拡張的に当時の社会に存在していた個人と抑圧的な社会という対立関係に重ね合わせる。彼女は〝自由〟に生きるため、〝どういうふうに生きていけばいい〟か、を考える機会を得るために、家庭内での闘争からさらに発展して社会における政治的な闘争へと身を投じていった。彼女は自身のテーマを社会的なテーマに重ね合わせることができた当時の状況を〝ラッキー〟だったと語る。

121：うん。だから、そういう、あの感覚っていうのは、私たちの世代は、今の子たちよりは持ってると思うの。だって、それだけがんじがらめの中で、生きてきた。小っちゃいころ、幼い頃の価値観が植え付けられてきて、それでさっき122さんが言ったみたいに、アメリカの文化とか音楽とかいろんなものが入ってきて。うわっ、ちょっと違うぞと。私たち高校、育ってきたのと、これ、違う。なんか、素敵なものがあるっていうところと。また、その中での突っ込んだ、また矛盾と。いろんなものが一遍に押し寄せてきたのが、十代のとき。で、そういう中で、自分なりにそれを消化しながら大人になっていくんだけど、そこに一緒に出てきたのがインドっていう、その、カオスの国っていうものがあったような、みたいな気がする。

自由を得るためには闘争する（意見を表明する）必要がある、という感覚を、彼女たちの世代は現在の若者たちよりも持ち合わせていると語る。抑圧的な家庭、さらには社会といった状況で、どう生きるべきか思考し自己反省する日々、そこに現れた外の世界であるアメリカやインドへの憧れ（ビートルズがインドに向かったこと[70]が象徴的であるように、当時のヒッピーの間ではインドへの志向があった）を、彼女たちは抱いていた。121はインドを〝カオスの国〟と語る。

122：うん。だから、ある意味、必然だったと思うんだよね、インドっていうものが私たちの若いときに。ま、私たちの世代全部じゃないけれども。なんか、ある意味、何かに、何かをこうおかしいって思ったり。なんかこう、ね、してた人にとっては、やっぱりインドっていうのは、具体的に何かこう、おまえ、もっとちゃんと見ろよ、みたいなさ。理屈と実態と、なんか、全てのことが、答えはないけれども、見てこい、みたいなものだったような気がする。そこに行ったたっていうことはやっぱりすごくでかい。

著者：うん、それは自分探しみたいな感じなんです？

121：そうですね。そうじゃないかな。あの、自分の、あの地を、足で歩く所がいったいどういう所かっていうのが。でも、理屈じゃないんだよね。何となくその当時。あ、ほら、寺山修司がいたりとかさ。ああいうこう前衛的な、演劇だったり音楽だったり、いろんなものが、もっと、ものをちゃんと見ようよと。現実を見ようよ、っていうふうなことを、いろんなところで私たちに呼びかけてたと思うの。

著者：うーん。

121：その一つが旅だったと思う。

122は、政治闘争といった社会に渦巻く思想の流れの中で、「自分とは何者なのか」について考えをめぐらせ悩む日々を送っていたが、インドは〝理屈〟ではなく〝現実〟を彼女に見せてくれたという。彼女はインドでどうにも解決できないような「格差」、「貧困」、「カースト制」などを目の当たりにし、衝撃を受けたと語っていた(引用部分外)。それは彼女にとっては〝答えはないけれども〟インドで現実を見ることによって、日本で生きる自身の立場を省みる機会となった。美大を卒業し社会運動に身を投じる彼女たちは、当時の日本社会ではエリートと呼ばれる階層に属していたと思われるが、インドの〝現実〟を見ることで、その社会的立場が相対化された。彼女たちにとって旅行とは、「社会」の外側を〝ちゃんと見る〟ことによって、自分自身を探し、そして日本「社会」を省みる行為だったのである。

註

67 山口によると〝七六年頃に出現し、欧米のヒッピームーブメントに端を発し、社会に対してアンチ(反)やカウンター(対抗)意識を持ちオルタナティブ(代替)の旅を模索する。〟
68 横田基地周辺に建てられた配偶者を持つ米軍従事者向けの賃貸住宅。木造平屋が多い。
69 一九六八年~六九年の東大紛争により一九六九年度(昭和四四年)の入試は中止された。
70 一九六八年にインドのリシケシュを訪問した。

第九章　総論―文献整理、調査結果からバックパッカーについて言えること

9.1　現在のバックパッカーとバックパッカーイメージ

本研究においては日本人の若者バックパッカーを構成している要素を五つに分解して、それぞれ考察してきた。「学び」においては、バックパッカーが日本社会において制度化されている正規の修学課程に見られる価値観を、旅行を通して経験を獲得することと、自身の旅行技術の向上といった側面に持ち込んでいることが明らかとなった。「非日常」においては、現代の旅人が彼ら／彼女らの日常を旅先の非日常空間に持ち込み、日常／非日常の境界線が曖昧になることで両者に近接性が生じていることが明らかとなった。「主体性」においては、旅人が商品化された冒険というパッケージを消費しながらも、自由にカスタマイズされた個人旅行を志向しており、そのことと引き換えにリスクを背負い、またリスクに対処する技術を身につけている様子が明らかとなった。「経験」においては、旅人が自らの身体感覚を通して獲得した体験を蓄積することを志向しており、そのことによって自らのアイデンティティの強化や自己成長を図ることを望んでいることが明らかとなった。また、旅行経験の積み重ねによって自らがバックパッカーであるという自己認識が芽生える過程が明らかとなった。「語り」においては、旅行経験を語ることによっ

て自らの卓越性・優越性を他者と相対化するといった試みに加えて、自己満足により自らのアイデンティティを強化する自分語りも見られることが明らかとなった。

これら五要素によって獲得された経験は、主に文化資本（旅行資本）として旅人個人に蓄えられる。そして、他者にそれらがメディア・ＳＮＳ・語り等によって認知された際には象徴性を帯びて、バックパッカーのイメージが形成される（再帰的に旅人自身が抱いているイメージも更新される）。現代に流通しているバックパッカーのイメージは、旅行経験を肯定的に評価しているものが多い。旅人の多くはそれを〝良い経験〟だととらえている。彼ら／彼女らは、経済的に仕方なく低予算で過酷な旅に出るのではなく、その体験に価値を見出して、あえてバックパックという旅行スタイルに参入していくのである。バックパック旅行は主体的な経験である。かつて『地球の歩き方』は、〝キミ〟とは何者なのかと旅人に問いかけたが[71]、かつての旅人も現在の旅人も、旅行体験を通して自身を省みることには変わりがない（たとえそのことを意図していなくとも）。

日常から非日常へと移動することで、そして常道の旅行スタイルから逸脱することで、バックパッカーは自身が何者なのかを知る。それは、通常の観光旅行よりも困難に直面する体験を積み重ね、その過程で自らのアイデンティティを更新し続ける、〝タフ〟な経験である。バックパッカーがそういった旅行を志す背景には、現代社会に浸透している「前進主義的価値観」（目的主義・進歩主義）があると大野は言う。その価値観はバックパッカーのイメージにも反映されている。ではなぜ、彼ら／彼女らは過酷な旅行を経験して、そこで自身を探し続け、日々進歩し続ける必要があるのだろうか。そこには、個人化（社会構造の分化・専業化）が進んだ現代社会の諸相と、その状況下で新たに個人に要請されるようになった社会化（社会に普遍的な価値・規範を身につけること）の形式が影響している。次項目では現代社会の特徴と、個人と社会の関係性のあり方がどのように変化しているのかを記述する。

9.2　個人の脱埋め込み化が進行する現代社会とバックパッカーの再帰的自己

現代とはいかなる時代であろうか。イギリスの社会学者、アンソニー・ギデンズは近代化が高度に進んだ現代をハイモダニティ（後期近代）、またはポスト伝統的秩序と呼ぶ。ギデンズによれば近代とは、個人が伝統的な秩序（時間と場所が統合された共同体）から脱埋め込みされることが進行している時代であるという。かつて前近代の伝統的共同体において個人は、ローカルな因習、〝伝統的な宿命〟にしたがって生活し、〝出来事の成り行きは何らかの仕方で前もって決定されて〟いた（ギデンズ2006：31）。それに対して近代は個人を〝旧来の教えと実践のくびきから解き放つ〟（同書：22）という。後期近代においては、メディア・科学技術の発達によって膨大な量の知識が個人にもたらされ、また更新され続ける。ピーター・ドラッガーは著書『断絶の時代』（1969）において、現代における知識社会の到来を予見していた。ギデンズは〝知識が、それ自身が分析し記述する行為環境へと持続的にもたらされることによって、ポスト伝統的な知識が循環的で当てにならないものになるだけでなく、実際に一連の不確実性がもたらされるのである〟と述べる（同書：31）。このような後期近代の状況下で、個人は自己決定における責任を負うとともに、高度に専門化された知識群における取捨選択といったリスクも負う。ギデンズは〝何をするべきか？どう振る舞うべきか？誰になるべきか？これらは後期モダニティの環境に生きる者すべてにとって中心的な問題である〟と述べる。（同書：77）つまり人々は、伝統的な秩序から与えられた宿命によってでなく、個人で自己のアイデンティティを形成し生活することが求められるようになった。自己のアイデンティティは個人の成長に伴う自己変容、また周囲の社会環境の変化との関係で流動的に構築されてゆく。それゆえ個人は自己と社会との関係性の変化に常に注意を張りめぐらせ、反省することで、自分の物語（自分とは何者なのか）を形成し続けなければならない。ギデンズは、自己アイデンティティは〝人間の再帰的な活動のなかでつねに作られ、維持されなくてはならないもの〟と述べている（同書:57）。また、〝自己の再帰性は身体にまで拡張される〟とも言う（同書：85）。

バックパック旅行は、比較的長い時間を旅し、その過程で身体的な刺激という要素を多分に含み、また経験を日誌や情報ノートに記録し軌跡を残すこと、そして他者に体験を物語るという特徴から、経験の統合により再帰的に自己アイデンティティを創出するという、現代において個人に求められているこうした社会化のあり方と、まさに合致している。

9.3 バックパッカーの複数的性格とその多様性

現代社会は、個人に多様な選択を求めるが、その結果としてライフスタイルの分化が起こっている。つまり、統一された多数の人間から構成される（大きな物語[72]が共有された）社会ではなく、個人化が進んだ社会と言える（バックパッカーの世界内部でも「移動型」「生活型」など分化が起こっている）。そこでは社会の構成員のそれぞれが異なった形の物語りを発達させているが、著者が特筆したい点として、個人の中にも複数種類の物語りが存在しうるということである。個人の物語りは決して単一なものでなく、また、現在における生活実践は全て過去に獲得された諸資本量の配分のみで決まるわけではない。本研究の調査でも、バックパッカーの語りに複数性が見られた例は多い。旅人は語りを、その場の状況によって使い分けている。例えば、I18は同級生との会話状況次第で、旅行体験の語り口を変えていた。ある時は体験を自慢し、ある時は、体験を自慢しない。状況の別によって、旅行体験が価値のある象徴体験となったり、または無価値な体験の象徴となったりもする。語りの内容は、聞き手の属性によっても変化する。私自身がバックパッカー当事者ということもあり、インタビューの際には、対象者たちは積極的に「あるべき」バックパッカーイメージを語ってくれたが、別の機会では語りが隠蔽または変容させられる可能性もありうる。ブルデュー理論への批判論者、ベルナール・ライールは行為者の持つ自己の複数性に着目し、〝過去の経験のある部分—ある一部分だけ—が、現状によって動員され、呼び起こされ、目覚めさせられる様式〟（ライール 2013：102）という視点を提示している。バックパッカー個人の経験を考察する際には、多面的な自己のあり方に留意する必要があるだろう。

9.4　移動と資本について

本研究では、主に大野によるバックパッカー分類の「移動型」の旅人に着目してきた。現代において、伝統的秩序から脱埋め込みされた個人による〝移動〟は、ますます増加の一途を辿っている。そして「移動することができる」こと、それ自体が個人が保有する諸資本の一つとなっている。ジョン・アーリは、移動能力には、移動ができる経済資本（金銭）、ビザやパスポートなどの資格・書類、移動先の環境に適応できる文化資本（語学力、コミュニケーション力、選択・判断能力）、情報端末（コミュニケーション機器）の保有、招待やもてなしを受けるなど移動の動機となる他者の存在（社会関係資本）、移動に耐えうる身体能力などが含まれると述べる。アーリはそれらの能力を総称して〝ネットワーク資本〟と呼んでいる（アーリ 2016：15）。本研究では、移動体験に伴う個人の資本形成に主に焦点を当ててきた。その文脈では、移動を主に日常から非日常への越境体験として解釈した。しかしながら非日常体験への希求として「移動」をとらえるだけでなく、インタビュー対象者 119、106 の実践に顕著であったように、主観的な日常世界に機動性（モビリティ）を持ち込んだ現代的な生き方（モバイル・ライブズ）の表出という側面を、バックパッカーの旅行実践に見出すことで、現代社会を考察する新たな地平が開けてくる。つまり内向きに個人の物語りに帰結する移動ではなく、流動化（主に情報面）した現代社会へのアクセサビリティを高めるための実践として、移動をとらえる。そして情報多元化社会への一つの適応方法として、移動し続ける主体としてのバックパック旅行の意義を見出すこともできる。

さらには本研究では、主に旅行先の「場所」を、〝越境されるため〟の非日常空間としてとらえたが、モバイル・ライブズの文脈での「場所」は、〝社会に繋がるための〟情報資本ととらえ直すこともできる。くわえて「場所」について日常との間にある落差という付加価値の他に、情報交換が行われる新たなコミュニティー（例えば日本人宿、旅行者が集まるカフェなど）として考えることも可能である。

9.5 バックパッカーによるコミュニティーの形成そして社会への再帰性

本研究では、主に大野の分類による「移動型」の旅人に着目してきた。バックパッカーの本義は日常の生活環境から離れて、非日常を旅行（移動）することであると私は考えている。しかしながら、バックパッカー旅行は〝ここではないどこか〟を漂流し続けると同時に、新たな「居場所」の探索をおこなう試みでもある。大野によれば、「移動型」よりもバックパック旅行を深化させた者として、国外に生活の拠点を持つ「生活型」（国内と国外に二拠点の生活基盤を持つ）や、旅人が集まり居住コミュニティーを形成している「移住型」がいる。バックパッカーはその類型によって深度に違いはあれども、旅行を通して非日常の中にコミュニティーを形成しているのだ。常に移動を続ける旅人も、その場、その時に日本人宿を利用する、出会った旅人と食事をするなど、他者と空間・時間を共有し、一時的なコミュニティーを形成している。旅先で形成される共同体は、家庭や職場、都市部の郊外住宅地にみられる町の自治会といった日常生活の集団に対して代替的なものである。そこでは、日常の文脈とは異なった人々の交流の形や共助の関係性がみられる。旅人たちの集まりでは観光地、移動手段、ビザ情報の交換をしたり、現地ツアーの参加者を募ったりと、お互いを支え合う関係性が成立している。直接の利益を共有しない場合でも、食事や酒の場をともにしながら旅人が旅行体験や人生譚を語り合うというように、日々移動していく者たちに束の間の居場所と安息を提供している。そこは日常の所属や肩書きからは離れて、肩肘を張らずに気楽に他者と交流を持てる場なのである。その空間はレイ・オルデンバーグ（2013）の述べる「サードプレイス」、またはKaren Franck（2006）の言う「loose space」（ルーズ・スペース）といった空間概念で理解できる。バックパッカー同士の出会いから形成される一時的な空間の体験によって得られた文化資本・社会関係資本は、旅人が日常空間に戻った際にも有用に活用できるケースが考えられる。ここに、旅行先という非日常空間にあるコミュニティーが、日常空間を変革する起点として立ち上がる可能性を見出せるのである。

9.6　本研究の結論―リサーチクエスチョンへの回答

本研究の著者は、バックパッカーは旅行に出ることにより諸資本を獲得し、その資本を用いて旅行後に社会における他者への優位性、卓越性を示し、社会空間における自身の立ち位置を上昇させることを目的に旅行をしていると考えていた。しかし、ピエール・ブルデューが従来説明してきた社会空間図式を構成する諸資本量に対して、〝直接的に〟旅行体験が作用し、それらの資本量が増大する側面は限定的である（一部の文化資本に限られる）ことが、調査の結果から考察された。一部のインタビュー対象者からは、〝直接役には立たない〟体験だとも語られている。さらに、バックパッカーのスタイルをとる旅行者には、自身をバックパッカーと認識していない者も多い。彼ら／彼女らは旅行の目的を設定しておらず、つまりは意図的に資本の増大を目指していない。しかしながら、大野の示した〝前進主義的価値観〟を持ち合わせ、その価値観が直接的に旅行動機に反映されている旅行者も一定数おり、その価値観との距離の取り方は、旅人によって幅がある。傾向として比較的に高学歴の者、体験を整理し他者に語る力に長けた者において、この価値観をより受容していた。また、〝何かしないといけない〟といったように、曖昧にバックパッカー的精神を受容している者は普遍的に見られる。その思想、そしてバックパッカー情報誌『旅行人』にかつて掲載された、格安航空チケット販売旅行会社「アクロス」[73]の広告のキャッチフレーズ〝飾らない旅が、好きだ。〟に代表されるような清貧性の実践は、ブルデューが述べるところのプチブル（中産階級）が持つ勤勉性、向上心（競争意欲）、節制を美徳に転換するという性向と通じるところがある。旅行に対して、直接的に社会上昇の機会を求めるにまで至らずとも、その参入者が所属する社会階層と、その集団の性向が、旅行の実践スタイルとして表出していると考えられる。

中産階級に属する者は、既成の土地・建物・証券・企業（法人）・各種所有権利（販売権、著作権、肖像権、商標権）など、個人とは区別されたところにある資本を豊富に所有していないことで、資本家階級（ブルジョアジー）とは区別される。そのため中産階級に属する旅人は、自らの身体を資本（掛け金）として投じることで得た「体験」を持って、社会構造における階級闘争に参入していく傾向がある。その際に社会空間において取り引きされる「体験」という通貨の〝象徴性〟が強ければ強いほど、競争を有利に進めることができるのである。なお、資本家階級の旅行においても旧来から象徴性は重要であったが、クルーズ船旅行に見られるような、社交の場における社会関係資本の構築に重きが置かれている傾向が典型的である。付け加えて、「飲む、打つ、買う」に代表されるような旧来の労働者階級的な非日常体験においては、社会的に流通が可能な文化的象徴資本を積み上げるといった動機は希薄だろう。

これまで述べたように、バックパック旅行においては、「自己実現」「自分探し」といった、旅行行為者の能動的な側面に加えて、この旅行体験それ自体が持つ、出来事としての象徴性も大いに議論されるべきだろう。旅行者が目的を持たずに旅に出たとしても、旅の中で得た体験は身体的な感覚を伴った出来事として記憶され、旅行後の将来において言語化され他者に語られることにより、象徴性が発揮されてゆくからである。

私の結論はこうである。旅行体験が他者に象徴性をもって評価される機会に加えて、「自分の選択や主体性で旅行をつくっている」、「他者に旅行体験を語って自慢する」などの自己満足的な象徴資本の積み重ねを通して、旅行者は自認する内面の資本量を増大させ（自己成長と言い換えられる）、また実社会での社会上昇や水平移動を果たす一契機として、旅行体験は作用している。象徴資本を得ることの自覚は、ヘネップの言う〝通過儀礼〟とも通じるところがあり、バックパック旅行は、その現代版とも言える。本研究で分析したように学び、非日常、主体性（選択）、経験、語り、という諸要素の比重が、バックパッカーの旅行では大衆観光に比べ大きく、旅行者があえてそのスタイルをとることには意味があるのである。バックパック旅行は、それ自体が商品化（パッケージ化）され、体験があらかじめ規定されているという矛盾をはらみながらも、いまだに、一部の社会上昇や水平移動を探る者がとる行動の選択肢として、機能しているのである。

9.7　本研究の到達点と今後の課題

従来バックパッカー旅行者に関しては、多くの分類学的な研究（旅行者全体に占める位置や旅行動機の分類など）や、社会史的な観点から観光構造におけるその発生をとらえる研究がなされてきた。本研究では、バックパッカーの動態を外部からとらえるのではなく、彼ら／彼女らの目線に立って内部の世界から描き出すことに注力した。バックパッカー界を構成している旅人たちを実際に観察して聞き取りをおこない、彼ら／彼女らの生きる世界で共有され流通している、価値や規範の構成要素を分解し、整理した。それらの諸要素が織り上げられ一つの文化として成立しているバックパッカー世界内部にいる、一人のプレーヤーである旅人たちの実践を複数あつめることで、全体像としてのバックパッカー性なるものを描き出した。それは個人の実践からボトムアップ的に社会を考察する試みである。個人に着目する上で、時間軸を重要視したため、ライフヒストリー論的なアプローチも採用した。個人の多数の実践を集約し、旅人社会というフレームワークにそれぞれのシーンを落とし込んで統合していく作業には、ピエール・ブルデューによる諸資本概念を援用した。この社会を生きる行為主体の一側面として旅人をとらえ、彼ら／彼女らによって実践される旅（移動）に対して実体を与える、そして本研究において表象・言語化するに際して諸資本概念は、一つの有用なフレームであった。

しかしながら諸資本概念と旅人の実践・体験を連関させるにあたって、本研究では特に文化資本、さらに文化資本を補強している象徴資本の側面に分析の比重が偏り、社会関係資本と旅（移動）との相関性を十分に論じるまではできなかった。社会関係資本を論じる際には旅人によるコミュニティーの形成に、深く着目する必要性がある。そのためには、元来の西洋的コミュニティー概念[74]の根源にある宗教的連帯感[75]にも思索をめぐらせる必要もあるだろう。[76]さらには、本研究が多くの着想を得て本書冒頭でも引用した沢木耕太郎の『深夜特急』に代表されるように、旅と文学の関係性は、今後さらに掘り下げるべき課題である。文学作品を扱うことからも、本研究で検討した「象徴」の諸相が、より明確に浮かび上がってくるからである。

註

71 本書二一頁の引用を参照のこと。
72 ジャン=フランソワ・リオタール『La condition postmoderne』(1979)＝『ポスト・モダンの条件　知・社会・言語ゲーム』小林康夫（訳)、水声社、一九八九年を参照。
73 かつて存在した旅行会社、株式会社エーティービーにおいて中国以外の航空券を取り扱うブランド。現在はＨＩＳに吸収されている。
74 本邦において六〇年代、輸入され議論されてきたコミュニティ論（『コミュニティ―生活の場における人間性の回復』国民生活審議会調査部会コミュニティ問題小委員会、一九六九年。などを初めとする）よりも元来的な西洋的コミュニティ概念。
75 教会に見られるような、超越的な存在に対置する関係性から導き出される個人間における連帯性を想定している。
76 観光分野においては、スペインの巡礼道サンティアゴ・デ・コンポステーラの研究などを参照する余地がある。

参考文献一覧

朝日新聞『米航空戦争の行方　火つけ役ピープル・エキスプレスは経営危機』一九八六年八月四日夕刊
新井克弥「メディア消費化する海外旅行～バックパッキングという非日常」『非日常を生み出す文化装置』嶋根克己・藤村正之（編著）一一一―一三七頁、北樹出版、二〇〇一年
荒井悠介『ギャルとギャル男の文化人類学』新潮新書、二〇〇九年
アラン・コルバン『レジャーの誕生〈上・下〉』渡辺響子（訳）、藤原書店、二〇〇〇年
有馬明恵『内容分析の方法』ナカニシヤ出版、二〇〇七年
アンソニー・エリオット、ジョン・アーリ『モバイル・ライブズ』遠藤英樹（訳）、ミネルヴァ書房、二〇一六年
アンソニー・ギデンズ『モダニティと自己アイデンティティ後期近代における自己と社会』秋吉美都、安藤太郎、筒井淳也（訳）、ハーベスト社、二〇〇五年
安藤克己・堀野正人・遠藤英樹・寺岡伸悟（編著）『よくわかる観光社会学』ミネルヴァ書房、二〇一一年
ウルリッヒ・ベック、アンソニー・ギデンズ、スコット・ラッシュ『再帰的近代化 近現代における政治、伝統、美的原理』松尾精文、小幡正敏、叶堂隆三（訳）、而立書房、一九九七年
遠藤英樹『ガイドブック的！観光社会学の歩き方』春風社、二〇〇七年
大野哲也「商品化される『冒険』：アジアにおける日本人バックパッカーの『自分探し』の旅という経験」『社会学評論』、五八巻三号、二六八―二八五頁、二〇〇七年
大野哲也「アイデンティティの再肯定：アジアを旅する日本人バックパッカーの『自分探し』の帰結」『社会学部紀要』、一一一号、関西学院大学リポジトリ：一五五―一七〇頁、二〇一一年
大野哲也『旅を生きる人びと：バックパッカーの人類学』世界思想社、二〇一二年
大橋昭一「観光学はどのようなものか」『観光学ガイドブック』大橋昭一・橋本和也・遠藤英樹・神田孝治（編著）、

八―一一三頁、ナカニシヤ出版、二〇一四年
小田博志『エスノグラフィー入門〈現場〉を質的研究する』春秋社、二〇一〇年
加藤恵津子『「自分探し」の移民たち　カナダ・バンクーバー、さまよう日本の若者』彩流社、二〇〇九年
加藤晴久『ブルデュー　闘う知識人』講談社選書メチエ、二〇一五年
蔵前仁一（編）『旅行人一九八八年七月号―雲上の国へのパスポート　チベット』旅行人、一九八八年
桜井厚『ライフヒストリー論』弘文社、現代社会学ライブラリー、二〇一〇年
沢木耕太郎『深夜特急：第一便　黄金宮殿』新潮社、一九八六年
下川裕司『日本を降りる若者たち』講談社現代新書、二〇〇七年
下川裕司『香田証生さんはなぜ殺されたのか』新潮社、二〇〇五年
周菲菲『観光研究へのアクター・ネットワーク論的アプローチ　北海道における中国人観光者の実践を例として』研究論集 *Research Journal of Graduate Student of Letter*,13、北海道大学、二〇一三年
ジョン・アーリ『モビリティーズ　移動の社会学』吉原直樹、伊藤嘉高（訳）、作品社、二〇一五年
須藤廣「観光メディア論の試み―観光的リアリティの構造とその変容」『観光学評論』二巻一号四三―五四頁、二〇一四年
須藤廣「ポストモダンの観光経験とパフォーマンス展開」『観光学術学会第５回大会　発表要旨集』一〇―一一頁、観光学術学会事務局、二〇一六年
須藤廣「消費社会のバックパッカー―日本人バックパッカーの歴史と現状―」『北九州市立大学文学部紀要』一五巻：四七―六六頁、二〇〇八年
須藤廣『観光化する社会　観光社会学の理論と応用』ナカニシヤ出版、二〇〇八年
ダイアモンドスチューデント友の会（編）『地球の歩き方ヨーロッパ』一九八〇年度版、ダイヤモンド・ビッグ社、一九七九年
ダイアモンドスチューデント友の会（編）『地球の歩き方アメリカ』一九八〇年度版、ダイヤモンド・ビッグ社、一九七九年
ダイアモンドスチューデント友の会（編）『地球の歩き方③インド』一九八二～八三年度版、ダイヤモンド・ビッグ社、一九八一年

多田治『沖縄イメージの誕生─青い海のカルチュラル・スタディーズ』東洋経済新報社、二〇〇四年
多田治『沖縄イメージを旅する─柳田國男から移住ブームまで』中公新書ラクレ、二〇〇八年
多田治『社会学理論のエッセンス』学文社、二〇一一年
多田治〔編著〕『社会学理論のプラクティス』くんぷる、二〇一七年
『タビイク』ホームページ https：//tabiiku.net.（二〇一九年七月二三日閲覧）
ディーン・マキャーネル『ザ・ツーリスト─高度近代社会の構造分析』安村克己、須藤廣、高橋雄一郎、堀野正人、遠藤英樹、寺岡伸悟（訳）、学文社、二〇一二年
難波功士『族の系譜学 ユースサブカルチャーズの戦後史』青弓社、二〇〇七年
西川克之・岡本亮輔・奈良雅史〔編著〕『フィールドから読み解く観光文化学』ミネルヴァ書房、二〇一九年
橋本和也「観光学の新たな展望─なぜ、いま「観光経験」なのか」『観光学評論』一巻一号一九─三四頁、二〇一三年
ハワード・ベッカー『完訳 アウトサイダーズ』（1963）村上直之（訳）現代人文社、二〇一Ｉ年
林幸史・藤原武弘「長期旅行者と休暇旅行者のモチベーション構造の相違」『関西学院大学社会学部紀要』九七巻、九七─一〇四頁、二〇〇四年
林幸史・藤原武弘「訪問地域、旅行形態、年令別にみた日本人海外旅行者の観光動機」『実験社会心理学研究』四八巻一号、一七─三一頁、二〇〇八年
ピエール・ブルデュー『ディスタンクシオンⅠ・Ⅱ［社会的判断力批判］』、石井洋二郎（訳）、藤原書店、一九九〇年
藤岡伸明『若年ノンエリート層と雇用・労働システムの国際化 オーストラリアのワーキングホリデー制度を利用する日本の若者のエスノグラフィー』福村出版、二〇一七年
藤田結子・北村文〔編〕『現代エスノグラフィー 新しいフィールドワークの理論と実践』新曜社、二〇一三年
古市憲寿『希望難民ご一行様 ピースボートと「承認の共同体」幻想』光文社新書、二〇一〇年
ヘネップ・ファン『通過儀礼』、綾部恒雄・綾部裕子（訳）、岩波文庫、二〇一二年

ベルナール・ライール『複数的人間行為のさまざまな原動力』鈴木智之（訳）、法政大学出版局、二〇一三年
本城靖久『グランド・ツアー』中公文庫、一九九四年
山口誠『ニッポンの海外旅行―若者と観光メディアの50年史』筑摩書房、二〇一〇年
山下晋司・船曳建夫〔編〕『文化人類学キーワード〔改訂版〕』有斐閣書店、二〇〇八年
山田真茂留『非日常性の社会学』学文社、二〇一〇年
読売新聞『「解説」バックパッカー』一九九六年一月二六日 朝刊
読売新聞『バックパッキング　若者たちに広がる〝放浪〟のスポーツ／芦沢一洋』一九七六年四月三日朝刊
レイ・オルデンバーグ『サードプレイス コミュニティの核となる「とびきり居心地のよい場所」』忠平美幸（訳）、みすず書房、二〇一五年
渡辺潤〔編〕『レジャー・スタディーズ』世界思想社、二〇一五年
Boorstin, J. Daniel. 1961 [1992]. The Image：A Guide to Pseudo-events in America. New York：The Vintage Books. ＝ダニエル・ブーアスティン『幻影の時代　マスコミが製造する事実』星野郁美・後藤和彦（訳）、東京創元社、一九六四年
Cohen, Eric, 1972, Toward A Sociology of International Tourism. *Social research*, Vol.39（1）：164-182.
John Urry, Jonas Larsen.（Sage,1990）The Tourist Gaze：Leisure and Travel in Contemporary Societies. ＝ジョン・アーリ、ヨーナス・ラースン『観光のまなざし――現代社会におけるレジャーと旅行』加太宏邦（訳）、法政大学出版局、一九九五年
Karen Franck, and Questin Stevens（2006）.『Loose Space：Possibility and Diversity in Urban Life』. New York：Routledge.
Loker-Murphy and Pearce,1995, Young Budget Travelers：Backpacker in Australia. *Annals of Tourism Sociology*,22,819-843

〔解説〕

若き旅びとの伴走者として――自分の内側から垣間見る〈世界〉

多田治
［一橋大学大学院社会学研究科教授］

萬代君の本書（修士論文）のバックパッカー論については、このあと須藤廣先生が、余すことなく充分な解説を寄せておられるので、そちらに譲りたい（もともと萬代君は須藤先生からのご紹介なので、これで筋も通っている）。私の観光論についてはこれまでの拙著『沖縄イメージの誕生』『沖縄イメージを旅する』やウェブ公開中の『多田ゼミ同人誌・研究紀要』14・19号総集編、ブルデューらの象徴資本や知識社会などの議論については『社会学理論のプラクティス』『社会学理論のエッセンス』をご参照いただければ幸いである。

これまで数十本の修士論文を指導し査読してきたが、正直言うと萬代君の本作品は、その中で特段秀逸というわけでもない。具体的な問題点は本人に直接くり返し伝えたから、ここで言及は控えたい。修士課程を満期いっぱいすごした彼には卒業する必要が、私にはさせる必要が、あった。だがいま私はその大学院の指導教員の立場より、若き旅びとに付き添った伴走者として、これを書いている。この修士論文、そして本書自体が、彼の四年に及ぶ長旅の記録そのものである。おそらくあとに掲載のインド旅行記に負けず劣らず、この院での四年間も彼にとって、自分の人生や社会、家族と向き合っては自問自答を重ね、自己の存在承認、いわば象徴資本を求め、須藤があとに言う〈サバイバル資本〉をめぐって格闘した、つらい時間を多分に含んでいたことだろう。調査で対象者の方々から聞きとった今日の多様な若者バックパッカー像から派生して、陰画的に映し出されてくるのは、萬代伸哉というもうひとりの、やはりやや不器用に生きる若者バックパッカーの像である。それはまた、旅と移動をつづける彼の身体に蓄積されたハビトゥスの内側から、外側に向けて垣間見え立ち現れてくる、主観的な知識としての〈社会〉〈世界〉でもあるのだ。旅や観光で目にするものとは、そうした自分の内側から垣間見る〈世界〉のことでもある。

『深夜特急』の著者・沢木耕太郎は、旅に出るには二六歳ぐらいが遅くも早くもなく、ちょうどいい適齢期だろうと語っている。萬代君が本書の調査研究に取り組んだのも、ちょうど二六歳前後の時期であり、彼の今後の人生のなかでも、じっくり時間をかけて向き合うに値した貴重な作業・作品として、長く語り継がれていくことだろう。

逆にいうと、それまでの人生行路を聞き及ぶ限りでは、一〇代から早くも彼は独特の形で、移動と旅の経歴を濃密に展開していた。そのことが思春期や青年期の彼を人一倍早熟にし、多感で繊細な人物に育て、生きづらくさせてきた面もあったのかもしれない。本作品の仕事が、彼のよりナチュラルで過不足ない成熟と安定を、移動歴に追いつかせる役割を果たしたのなら、萬代君の今回の出版を、伴走者として心より祝福する次第である。

〔解説〕

バックパッカー体験の社会学に寄せて──

須藤廣
［法政大学大学院政策創造研究科教授］

1　はじめに

私のゼミにしばしば顔を出していた他大学の院生であり、同時に私の「バックパッカー」仲間である若者が『バックパッカー体験の社会学』という著書を世に出すというので、お祝いに寄せ書きを送ろうと思う。本書の補論2でインタビューが載っている二人の女性同様、私も同年代の「かつての旅人」である。シベリア横断鉄道に二度も乗り、インド旅行に憧れ、実際行ったインドでは著者同様、酷い目にあっている（敢えて詳しくは書かないが、この辺の事情が変わらないことに驚く）。必ずしもヒッピーの真似をしようと思ってはいなかったが、ヒッピー風の（自虐的）ファッションとしてのバックパッカーに憧れていたというのが実情だったのかもしれない。現在でも、暇を見つけては趣味としてバックパッカー旅行を半世紀近く続けているので、「かつてからいる今のバックパッカー」を自認している。このような趣味としてのバックパッカーとして、そして社会学者（同時に観光学者）として、この著書の背景（と思われるところ）を語ってみたい。

日本のバックパッカーは、ほぼ絶滅したといわれるが、バンコクのカオサン通り界隈をぶらついていると、人数こそ韓国人、中国人バックパッカーに圧倒されているものの、どっこい保存保護の対象である「絶滅危惧種」のように生存している。ひっそりとではなく結構な数がいるのに驚く。こういった「今のバックパッカー」は、女子も多いということもあり、以前のような身なりを気にせず苦行、荒行をするような出で立ちではない。しかし何人かに話しかけて、ちょっとしたインタビューをしてみると、バックパッカーの苦行話好き——個々の内容や程度はかなり変わったので、現代バックパッカーの「〜は判ってくれない」集を作っても、意外な面が見られて面白いかと想像する——は変わらない。「かつてバックパッカー」でもあり「今のバックパッカー」でもある私のシベリア鉄道旅行、インド旅行話も、苦行、荒行、武者修行によって「成長した私」という自己承認風自慢話の一つかもしれない。

本書では、良くも悪しくも、内容やメディアは変わりつつも形式が変わらない「バックパッカー体験」を学術的に分解し、社会学的に分析してみせている。「バックパッカー」を社会学的に解明した著作は——著名な観光学者エリック・コーエンのバックパッカー分析も、正確には「社会学的」とはいえない——案外少ない。本書では質的調査を使い、バックパッカーの変わらぬ諸特徴について、社会学のタームに翻訳しつつ解明を試みている。バックパッカー旅行も含めた旅行（観光）体験は観光社会学の分野に含まれるのだが、これまで観光社会学の中心は旅行（観光）者よりも、観光地の住民（観光協会、まちづくりＮＰＯも含む）、観光業者（や交通業者）の研究であった。観光者研究としては近年、マンガ、アニメファンの観光まちづくりへの協働等、様々なファンと観光との関係については数多くの著作や論文が出されてきた。しかし、この分野においても、旅行者としての「ファン」の属性や特徴、自己実現、ジェンダー、社会階層とその移動や再生産等についての社会学的論文はあまりない（ワーキングホリデイ、短期留学者、ライフスタイル移民等の社会学的研究は散見されるが、「留まらない」人々の研究は難しいのかも知れない）。この領域では旅行者と観光地地域住民とのネットワークには知見を積み重ねてきているものの、その重要なアクターである旅行者の特徴やネットワークについてはあまり焦点が当てられていない。本書はこうした観光の社会学に欠けた部分を補う役割を果たしている。

本書のなかで最も強調しているのは、「文化資本」や「象徴資本」といった、経済的な資源、資産（資本）に還元できない、資源、資産（資本）のことである。本書のなかでも詳しく解説されているが、「文化資本」「象徴資本」とは、それらを所有することで社会的階級の再生産を促したり、そのヒエラルキーを覆したりするヘゲモニー資源のことである。これらの概念を主に用いて階級の再生産や変動について主張したブルデューやB．バーンスティンは、既に社会の支配的階層である富裕層の階級維持手段についてではなく、その下位にあって不安定な中産階級が主にその文化創造能力を駆使し、どのように新たな支配的階層となっていこうとしているのかに注目している。一九九〇年代までの初期バックパッカーは、私が見る限りではエリート大学生が多く、そのなかでも強い自立心と克己心、そして旅で培った文化的教養を誇る中産階級（正確には新中産階級）の子息、またはその予備軍が多かったように思える。バックパック旅行で培った（成長した）能力は確かに新しい情報化社会におけるサバイバル能力に繋がっていた。独立心のあるバックパッカーを企業が採用する、あるいはバックパッカーが新しい産業分野でベンチャーとして――ＨＩＳを創業した澤田秀雄社長のように――起業することによって、その「文化資本」が社会的に有益であると思われた時代があったように思える。しかしながら、今振り返って見てみると、どうやら一時的に彼らの独立心がもてはやされることはあっても、バックパック旅行が社会的階級上昇の手段として役立ったのはそれほど長い期間ではなかったのではないか。特に二〇〇〇年以降は、若者の中長期個人海外旅行は、卒業旅行等で一般的になったお陰で、個人旅行とバックパッカー旅行との境界線は曖昧になり、特別なカテゴリーとしては次第に陰が薄くなったのではないかと思われる。

したがって、「今のバックパッカー」を中心に語られる本書も、社会一般に関する「階級」や「階層」とバックパッカーとの関係については、あまり細かく触れてはいない。本書では「文化資本」、「象徴資本」がコミュニティ内部のものとして語りが解釈され、それを元に、その語りが社会一般の主流文化とどのように関わっているのか分析している。日本におけるバックパッカー旅行文化は、他の旅行文化やライフスタイル移住文化、その時々の雇用状況、ジェンダー、為替の変動等と関わり、その位置を変えてきた。バックパッカー旅行文化は現代社会の主流文化との関係のなかでどの位置にあるのか、本書のなかから読み取ることが必要であると考える。以下にそのための補助線を引く手立てをしてみようと思う。

2　近代観光の誕生とバックパック旅行

社会学者ジョン・アーリによれば、英国では「一九世紀以前の社会には上流階級以外のものが労働、仕事と関係のない理由で何かを観にどこかに旅をするということはなかった。」（ジョン・アーリ 1990 = 1995『観光のまなざし』加太宏邦訳：10）という。日本においても、大衆が観光に参加するようになったのは、明治末期における近代の工場労働の発生以降だった（鉄道の発達も大きく寄与しているが）。近代の観光旅行は近代労働を背景に持ちつつ、それを円滑に機能させるためのレクリエーションの一部として生まれ発展してきたのである。

もちろん、近代の工場労働が成立する前に「旅」が文化として存在しなかったのかというと、そうではない。立派に存在していた。特に一七、八世紀、主に英国の上流階級の間では一人前の大人として教養を身につけ「成長する」ための通過儀礼として「グランドツアー」という、「文化資本」形成を目的とした「バックパック旅行」（長期の個人用修学旅行ともいえる）の原型のようなものが存在していた。家庭教師やお供を従えてヨーロッパの上流階級と交流し、古典文化に触れることは、上流階級の子弟が教養を身につけた立派な貴族の大人として箔をつけるために（つまり「文化資本」と「象徴資本」を獲得するために）必要なことであり、ある種の文化的「制度」となっていた。また、中世ヨーロッパの騎士の間では放浪旅行も一般化していた。さらに、歴史上長期に渡って宗教的巡礼も存在していた。よく知られているように、日本にも「参詣」という旅文化が近代以前から長く存在していた。

これら近代以前からあった旅文化と近代になってから生まれた旅文化は、一旦は分けて考える必要があろう。形こそ前近代のものを引きずっているとはいえ――例えば日本人の団体旅行は形の上では伊勢参りの「おかげ参り」に似ている等――近代の旅文化は近代的労働を背景として、それを補完するために生まれてきたものであり、それ以前のものとは意味や機能が異なる。英国における近代大衆観光を創り出したトマス・クックの思想を見ればそれは明白である。

一九世紀中葉、トマス・クックが旅行会社を立ち上げたのは、組織化された工場労働のための組織化された余暇活動を推進するためであった。産業化初期に蔓延していた飲酒や無軌道な享楽は、多くは労働時間外のものであるとはいえ、産業労働の規律に大幅に影響を与えていた。余暇の組織化は労働の組織化に繋がっていることが、一般的に意識されるようになっていた。トマス・クック社が始めたツアーは労働規律粛正のための禁酒運動の一環であった。さらにまた、トマス・クック社は一八五一年のロンドン万博に大量のツアー客を送っている。ここでは労働規律ばかりでなく、大衆に「進歩」のイデオロギーを注入させる役回りを演じている。英国ではこの時代に近代的旅文化が産業労働とセットで立ち上がっている。

さて、バックパッカーの旅文化はこのように普及していった近代的旅文化とどのような関係にあるのだろうか。エリック・コーエンによれば、バックパッカー旅行の源流は、一九六〇年代に当時のヒッピー(drifter)が行っていた放浪旅行であるという(Cohen 2003 Backpacking: Diversity and Change, *Journal of Tourism and Cultural Change*,1)。当時のピッピームーブメントが目指していたことがシステム化された産業社会の「脱疎外」を目指すライフスタイルを探し求める運動であったことからも、当時のバックパッカー旅行もまた、明白に意識されていたかどうかは別として、産業社会に向けた「対抗文化」の流れのなかにあったのだといえよう。またこの運動が産業社会の価値観を批判的に見直し、それに対抗するライフスタイルを求める、ある種の知的エリートの運動であったと考えられる。バックパッカー旅行は近代の産業労働をより合理化、組織化するレクリエーションとして制度化された旅行に「対抗」（あるいは「逸脱」）して生まれてきた。しかし、一九七〇年代から八〇年代にかけて主に欧米の若者の間に流行するにつれて、「反制度化」を目指すこの文化自体が消費社会の「制度」のなかに回収されてゆく。

日本のバックパッカー旅行はこの傾向が顕著であった。日本では特にバックパッカー旅行を指南する旅行代理店やガイドブックが一九八〇年代に生まれ急速に普及している。この当時の航空交通の発達もまた、「大衆バックパッカー」の増殖を支援していた。一九七〇年代のジャンボジェット機普及、一九八〇年代の旅行代理店の規制緩和、その後のＬＣＣの普及は、運賃の低下価格化をもたらした。それに加え、低価格宿泊施設の普及は、旅行全体の低価格化を促し、独特な低価格旅行の文化を生み出した。知的エリートを中心とした「対抗文化」の一つとして欧米で生まれたライフスタイルとしてのバックパッカー旅行文化は、主に日本では大衆旅行の一つの形態として――例えば一九七〇年代のディスカバージャパン・キャンペーンによる旅文化とも結びつきつつ――初期は国内旅行、次第に海外旅行の一形態として広がっていったと考えられる。主に二〇〇〇年以降になると、欧米のバックパッカーのなかにも、放浪型のバックパッカーとは違った意味での（低価格にこだわらず、「対抗」的価値を必ずしも求めない）個性重視の旅行の形を追い求める「フラッシュパッカー」といわれるバックパッカーの進化形が生まれ、次第に広がりを見せている。

日本においては、一九七九年にダイヤモンド社より『地球の歩き方』が出版されて以来、メディアがバックパッカー旅行のあり方に大きく影響を与えてきた。また、一九八〇年代から一九九〇年代にかけて知られるようになった、沢木耕太郎、下川裕治等の旅行作家の著作、そこから発展したテレビドラマ、自由旅行を題材としたバラエティ番組等が、バックパック旅行を「メディア消費」や「物語消費」のタイプへと導いていった。メディアによるバックパッカーイメージを演じる旅行者は、アーリが「唯一とか正統な観光体験など一切なく、多種多様なテキストを伴ったゲームの繋がりの全体」（アーリ 1990 = 1995：181）というところの「ポスト・ツーリスト」の一部となってゆく。さらに、二〇〇〇年以降はSNSをとおした発信型のメディア消費とバックパック旅行が結びつき、メディアをとおした自己承認がバックパック旅行の目的の一つとなっていった。

とはいえ、日本においても、欧米においても——二〇一〇年以降は韓国、中国でもバックパッカー文化は広がっているのだが——バックパッカーの出自としての「対抗文化」としての特徴は完全に失われたわけではない。旅文化としてのバックパック旅行の特徴は消費文化として制度化された旅行代理店依存といった旅行形態に対抗する自立性、旅による価値の発見、生き方の発見を目指す点である。パック旅行ではない自立型の旅行形態のなかでは、偶然におこる出来事が多く旅行者に降りかかる。不確定で不明確な出来事は、メディアが規定する予定調和的イメージをどうしても超えてゆく。現在においても、バックパッカーは「発見型」であらざるを得ない側面を持っている。

まとめれば、バックパッカー旅行の形態は、産業労働に資するレクリエーション型の旅行形態に対する「対抗文化」として広まったのであるが、消費社会の進展、メディアの広がりのなかで、消費社会の内部へと回収されていった。にもかかわらず、バックパッカー旅行には、「自立型」「発見型」といった初期の特徴を底流に依然持っている。消費社会への依存と自立、メディアが創り出すイメージを確認しつつ、現場で発見することも良しとする。バックパッカーの文化は両義的な文化なのである。

3　ねじれた文化としてのバックパッカー文化

以上の点から本書『バックパッカー体験の社会学』の細部を見てみよう。最初に著者は、大野哲也に沿って、バックパッカーのタイプを、「移動型」「沈潜型」「移住型」「生活型」と分け、本書の研究対象を、「旅行」の範疇に入る「移動型」と「沈潜型」の二つに限定している。また同様に、大野の研究のなかからバックパッカーが持つ「前進主義的価値観」を描き出す。旅によって得た知識や自己の成長を無駄ではなく貴いことと考える特徴である。私はこの「前進主義的価値」には大きく分けて二つのものがありうるのではないかと考える。近代社会への信頼とその発展を礼賛する「社会前進主義」と、社会の発展への礼賛からは一歩身を引き個人の「成長」や「学習」に価値を置く「自己前進主義」の二つである。前述したように、初期のバックパッカーの旅行実践を、産業労働の価値、あるいはその補完文化を色濃く持つ既存のレクリエーション活動を否定しようとする「対抗文化」のなかに位置づけた。バックパッカー文化が持つ「前進主義」は後者の「自己前進主義」であり、近代産業社会の持つ「社会前進主義」ではない。しかしながら、近代産業社会とは異なり、情報化多様化が進む一九七〇年以降のポスト産業型の社会においては、知的エリートが多いバックパッカーの持つ「自己前進主義」は、「社会前進主義」と対立するように見えて、社会的実践レベルでは繋がることも多いのではないのかということが私の見立てである。バックパッカーの「自己前進主義」は、バックパッカーがそのコミュニティのなかで鍛え上げる「文化資本」や「象徴資本」の産物である。そして、一九七〇年代を挟んで産業のあり方が文化創造型に変わったポスト産業社会においては、そこでヘゲモニーを握ろうとする新中間層の社会的階層移動への意欲とも相まって、彼らの持つ「自己前進主義」は、ポスト産業型社会の文化創造型エリートが持つ文化創造的「社会前進主義」とどこかで繋がってしまう。バックパッカーの「自己前進主義」は、彼ら独特の「逸脱」志向という媒介物がありながら、結果的に「社会前進主義」の一部となっている。こうした状況のなかで、かなり初期のバックパッカー――というよりはヒッピー文化が持っていた――逸脱志向は、メディアがイメージを先行しつつ、薄くなっていったのでないか。

大野がいうように、バックパッカーはリスクをいかに消費したかによって「個性豊かでタフな自分」として ステイタスを上げていこうとする。またこのことが、「逸脱」と「リスク体験」を、経験豊かでタフな自分という「文化資本」やどこの国や地方を旅した人間か、あるいは何カ国を旅したかといった「象徴資本」の獲得とリンクさせている。近代の産業労働の価値から逸脱した価値を求めるバックパッカーの行為は、リスクへの挑戦と克服、DIY的自立心と強靭な精神力の獲得という点において他のバックパッカーの賞賛を受けるだけではなく、そこで獲得された能力は結果的にポスト産業社会における新しい産業労働の価値と合致してしまうのである。こうして著者が大野の論をなぞっていうように「逸脱的な経験が資源へと読み変えられる」（四〇頁）のである。本書の実証部分においては、バックパッカーが経験を重ねることによって獲得する「文化資本」や「象徴資本」は、あくまでもバックパッカーのコミュニティの序列付けにおいて使用されるものであるが、その先で情報化された現代社会と繋がっている。本書においても述べられているように、バックパッカー旅行体験をとおして彼らは、「現代社会へのアクセスビリティを高めるための実践としての移動」（一三八頁）のノウハウや「情報多元化社会への一つの適応方法」（一三八頁）を学んでいる。

私の経験からいえば、彼らが旅の経験をとおして得られる文化的教養や旅行におけるDIY的技術は一つの「文化資本」として、企業の採用試験において評価されるといったことも過去にはあった（私自身もバックパッカー的「武勇伝」を面接時に語ることによって、ある有名旅行代理店の就職試験に合格したという経験を持っている。また、私の教え子のなかにも、採用面接において世界放浪の経験を評価され、その方面で有名な旅行代理店に就職を果たした者もいた）。

さらにその先には、バックパッカーの独立心、学習意欲、異文化適応能力は現代社会のなかで生かされるべきだという旅人教育的発想も生まれてくる。若者にバックパック旅行のノウハウを身につけることを奨励し、そのサバイバル的旅行術を教育に役立たせようとするサービス機関――例えば「タビイク」や「TABIPPO」――までが現れることになる（サービス機関への依存を断ち切ることこそがバックパック旅行の理想だったはずではないのか！）。「タビイク」に関しては著者も、「本来あるべき姿のバックパッカー思想の反転」（七三頁）、「正規課程の『学び』の文脈に回収されている」（七三頁）と指摘する（だから悪だと批判しているわけではないが）。

とはいえ、バックパッカー旅行もインフレ気味となり希少価値がなくなると同時に、若者の「保守化」とともに社会批判性を持った「対抗文化」のへの反感も広がり、バックパッカーの逸脱的経験が社会的に評価される時代は少なくとも二〇一〇年くらいにはほぼ終了していたのではないか――毎年バックパッカー旅行を続けてきた経験から――と私は考える（イラクでゲリラに処刑された「香田君事件」のインパクトも大きかったが）。逸脱気味のタフな旅行経験を帰国後に自慢するなどといったことも、日本人の海外旅行客数が当面のピーク（一七八〇万人）を打った二〇〇〇年以降はほとんどなくなってきた――というよりもダサくなってきた――ように思える。敢えていえば、バッカパッカーの「文化資本」「象徴資本」の価値は、日本社会のなかにおいて、あるいはバックパッカーのコミュニティのなかにおいてさえも、かなりその価値を減じてきたのではないか（このことは、円の価値の下落や旅行の「安近短」化とも関係があるが、ここでは省略する）。こういった社会的衰退期にこそ、不安定で未確定な現代を生きる術を身につける旅人教育として、前述の「タビイク」や「TABIPPO」のような、社会的上昇とは別の視点を持った個人主義的旅人教育も価値があるともいえる。

数こそ減ったものの日本人バックパッカーがいなくなったわけではない。二〇一九年八月、私は久しぶりにバンコクのカオサン通りで日本人バックパッカー数人にインタビューを試みたが、日本人バックパッカーは、現地でたまたま会った「タビイク」の初心者メンバーも含めて、バックパッカー的なライフスタイルをちょっと消費しに来たといった「フラッシュパッカー」的な面々であった。カオサン通り自体も主に欧米人のバックパッカーの「フラッシュパッカー」化に合わせて、オシャレなブティックホテルが一般的になり、かつてのドミトリースタイルの宿は激減していた。かつて私が何度も宿泊したドミトリースタイルの日本人宿「サクラゲストハウス」も営業を止めていた（日本人向けのドミトリースタイルのゲストハウスはカオサン界隈ではゼロになったと思う）。カオサン通りはかつてのバックパッカーの通りなのではなく、バックパッカー風のファッションを見学し、それを少しだけ演じて――「なんちゃってバックパッカー」と言ってもよいだろう――楽しむ街なのであり、この界隈一帯がそのように演出されデザインされた、ノスタルジックなテーマパークなのである。

ドミトリーではなくプール付きブティックホテルに泊まり、だがカオサン通りでは屋台でパッタイを食し、カオサン通りに面したクラブ風居酒屋で踊り狂い、バックパッカーどおしでナンパし合うといった消費的な姿がそこにある。彼らにとってバックパッカー旅行は、バックパッカー風の旅行経験なのであり、彼らはそれを自慢したり、それによって他から評価されたいとも思わないのである。バックパッカー旅行体験の「文化資本」や「象徴資本」は社会的にはかなり値下がりしているように見受けられる。

4　一人ぼっちのマス・ツーリストを超えて

先に述べたようにバックパッカーの諸資本は社会的には「値下がりする」運命にあるようなのだが、私が自分のインタビューのなかで――あるいは私のフィールドであるベトナムの山岳地域に散見する旅人と話すなかで――気付いたことは、バックパッカーズ・プレイス（エンクレイブ）の居心地のよさを「今のバックパッカー」が感じているらしいということである。現代における「居心地のよい」バックパッカー・コミュニティには対抗文化的なものはほとんどなく――場所の演出としてノスタルジックな「対抗文化」が表象されていたりはするが――かといって「前進的な」「発見」や「自分探し」あるいは「成長」などという「大きな物語」を目指してもいない。あるのは観光地という非日常の場所のなかにおいて、片意地の張らない彼らの「日常」を送れる場所、「サードプレイス」なのである。彼らがカオサン通りで送っている日常は、東京の渋谷や六本木で送っている日常／非日常と変わらない（ハノイのターヒエン通りで送っている日常も、上野のアメ横の日常／非日常と変わらない）。自宅の日常をバックパック旅行に持ち込む若者も多い。宿の近くにあるマクドナルドで長時間マンガを読んだり、ゲームをしたりする日本人の若者がいる。もちろんインターネットは繋がっているので、日本にいるのと同じようにＳＮＳの発信とチェックも欠かさない。

本書において第五章に述べられているインターネット的移動をリアルに求めカフェを渡り歩きながらそこから些末な情報を得ようとする105もその典型であろう。また119はシェムリアップに行きながら、「遠い」という理由で――ゲストハウスで電動自転車を安く貸してもらえるのに――アンコールワットを訪問しようとしない。彼は無気力なのではなく有名観光地に非日常を見ようとしないだけである。ある意味彼は、一人でいながらみなと同じ観光体験をしようとする、一人ぼっちの「マス・ツーリスト」を抜け出している。著者は彼の態度を、「日本における日常／非日常を捉える自身の『まなざし』をそのままバックパック旅行に持ち込んでいる」（八五頁）と分析する。彼らは海外貧乏旅行に対する特別なイメージや強迫観念がなく、日本の日常のなかで自分に合った出来事を探している日々を、バックパック旅行のなかに持ち込んでいる。彼らのなかでは日本の生活のなかで日々経験している日常／非日常のスイッチ切り替えは、何の障壁もなくバックパック旅行へと繋がっている。これもまた、フラッシュパッカー経験のあり方の一つなのであろう。

他方で価値観を揺るがすような経験を求める若者も登場する。118はエビのプランテーションで働く労働者の苛酷な状況を自分の目で見たいといいつつ、マリファナもやってみたいという。全く無関係であると思われる二つの経験が等価で結ばれる。ここには参照されるべき大きな価値体系（「大きな物語」）が欠落している。ジェットコースターのように多方向に揺さぶられる未確定な価値を消費しようとする姿が浮かんでくる。これもフラッシュパッカー経験のあり方の一つかと思われる。

105、119、118は程度は異なるが、日本の日常を海外の日常へと引きずり込みつつ、バックパッカー旅行が創り出す「場所」に「〝越境するための〟非日常空間」（＝「サードプレイス」）を求めている。インターネット情報がバックパッカー旅行をどんなに安易にし、標準化されたものにしようとも、バックパッカー旅行は「未確定性」を依然持っている。スマホ等情報機器とともに日常を持ち込みつつ、さらにGRABやUBER等のバックパッカー特有の移動手段も駆使しつつバックパッカー体験は、不安定さのなかにおける価値（あるいは居場所）の「再発見」に寄与しているようである。非日常空間で居場所を再発見すること、これは「脱埋め込み化」（ギデンズ）された未確定の海原におけるバックパッカー経験が与えてくれるサバイバル術の可能性の一つなのである。

5 おわりに―バックパッキングは終わらない

バックパッカー旅行文化は、対抗文化でも、逸脱文化でもなく、完全に商品化された消費文化でもなく、高級文化でも低級文化でもなく、現在では社会の周辺に「居場所」を探す一つの趣味文化となっているようである。消費化された存在になりながらも、現代のバックパッカー旅行文化は、ＬＣＣの経済性やインターネット情報等に助けられ、「未確定」でグローバル化した現代社会の「歩き方」を教えてくれる。著者は高度移動社会におけるバックパッカー文化の社会・文化創造性を引き出そうとしている。私も「かつてのバックパッカー」として、あるいは「今のバックパッカー」（フラッシュパッカーかもしれない）として、その「歩き方」の可能性に賭けたいと思う。

付け足せば以上のようなバックパッカー経験の変容と現代的特性は、バックパッカーが創り出すコミュニティとの関係のなかで見つけ出すものかもしれない（そのことには著者も気付いているが）。ゲストハウスやカフェ等で創り出されるバックパッカーの「自慢話」、そして「文化資本」「象徴資本」もそれらの「居場所」で醸成される。また、バックパック旅行のなかで知り合った者同士が、就職先（非正規労働かも知れないが）を紹介し合うといったことも、バンコクのカオサン地区の「生活型」バックパッカーの間でよくあったと私は確認している。また、バックパッカー仲間が日本においても友人関係を続けているという例もよく見てきている（私の友人たちがその典型例であるが）。こういった関係は一つの「社会関係資本」の形成といえよう。バックパッカーの創り出す社会関係資本が日本社会の変動に大きなインパクトを持つことはないと断言できるが、変化の激しい現代社会を「旅する」バックパッカー内部ではそれなりにこの相互扶助のネットワークが価値を持つ。

若い著者には、バックパッカーのコミュニティおよび各種「資本」――社会的に「役立つ」ものとは違う意味での、現代社会に適応するための「サバイバル資本」――の形成について、さらなるフィールドワークを期待している。我々は二〇二〇年以降激変する不確実な世界を生き抜かなければならないのだから。

謝辞

バックパッカー研究を実施して修士論文を書き上げる過程では、大変多くの方々の助力を頂いた。まず初めに、アンケートやインタビューを受けることをご快諾くださった旅人の方々。彼ら／彼女らが快く旅行の体験を語ってくださったからこそ、充実した内容のエスノグラフィーを書き上げることができた。また、旅人を著者に紹介くださったゲストハウスのオーナーの方々、調査のサポートを頂いたネパールのプレジャーホームホテルには感謝している。

旅人のみなさんが良き旅行、良き人生を送られることを心から願っております。

＊　＊　＊

一橋大学多田ゼミが始まって以来、前代未聞であり、執筆期間に四年間もかけてしまった問題児である私を最後まで突き放すことなく指導し続け、論文の完成へと導いていくださった多田治教授には感謝してもしきれない。先生の多大な寛容さと包容力に私は救われた。学力の足りない私に先生は丁寧に社会学理論を紐解いて教えてくださり、観光研究への応用という視点も与えてくださった。法政大学大学院の須藤廣教授には、フィールドワークの実施方法から社会学理論まで幅広くご指導いただいた。先生のフィールドであるベトナムにも同行させていただき、調査の実際を学ぶことができた。学部生時代に内容分析の方法についてご教授くださった、国際基督教大学の山口富子教授にもお世話になった。そして、現地事情に精通しカンボジア・東南アジア地域での調査をサポートしてくださった元ＮＨＫパリ支局長・プノンペン特派員の山本賢蔵氏、カンボジアでＮＰＯ活動をされている岡本昌子氏にも御礼申し上げたい。取材方法などもご指導いただいた。論文の出版にかんしては、公人の友社編集長の武内英晴氏のご厚意により実現した。心より感謝しています。

最後に、長引く学生生活を経済的にも精神的にも援助してくれた両親に、最大限の感謝を捧げたい。

あとがき

世界を自由に旅してみたい。そう思い立って著者が初めてバックパックを背負って旅に出たのは、おおよそ八年も前のことである。当時は『深夜特急』という本も知らなかった。ゆえにミッドナイト・エクスプレスに乗って日本を脱獄したわけではない。ただ心の奥底に胎動する、まだ形にもならないおぼろげな、しかしながら確かな信仰にも似た力強い前進感が自分を旅へと突き動かしたと思う。あの日のことを覚えている。雨上がりに霧が出た冷たい秋の朝にバスが来るのを待っていた。これから自分は旅に出るのだと勇んだ感情に体を震わせ、明日への希求をものにしたような恍惚感を覚え、前後不覚に自分がどこにいるのか分からないといった喪失感もあった気がする。しかし、アジア大陸の地図を眺めていると、それはとても広大に感ぜられ、そこには無限の可能性が拡がっているのだという確信が旅への決意そして故郷への峻別を促したのであった。それは希望であった。鉄道に乗って、あの山、あの川、あの砂漠の向こうに行ってみたい。そこでは人々はどのような街に住み、どのように生活を営んでいるのだろう。

旅はしばらく続いた。砂漠の街の歌姫の美声に酔いしれ、雪を戴いた霊峰とどこまでも蒼く、ましてや黒く澄み切った空に慄き、ある時は儚い出会いにときめいた。そして、いつか、自分のこころが以前ほど躍動に満ち溢れ、どこまでも行けると言った全能感を覚えるものではなくなっていることに気がついたのである。薄れゆく感覚。もはや、思い切った旅に出ることは少なくなってしまった。

だが旅を思い起こし、記述することができる段階がやってきた。自身の幽玄な理想に閉じ込められた、旅の記憶を数々のシーンに解体し書き留めてゆく。旅人に話を訊きながらも、その問いは反射的に自身の意識に帰って来る。それは自己を精神分析し、一度統合された意識を解剖してバラバラにしてしまうということであり、激しい抵抗と苦痛を伴った。物語るということは孤独な作業であった。

そしてその道程も遂に終わり、いまでは以前ほど気負わず気楽に旅ができるようになったと思う。これからも世界のあちらこちらで様々な旅人に出会うであろう。その時は肩の力を抜いて、酒でも飲みながら、ともに旅の物語りを紡いでいこうではないか。

飛光よ、飛光よ、汝に一杯の酒をすすめん

二〇一九年一二月一九日

一橋大学大学院

萬代伸哉

付録

調査実施地の地図

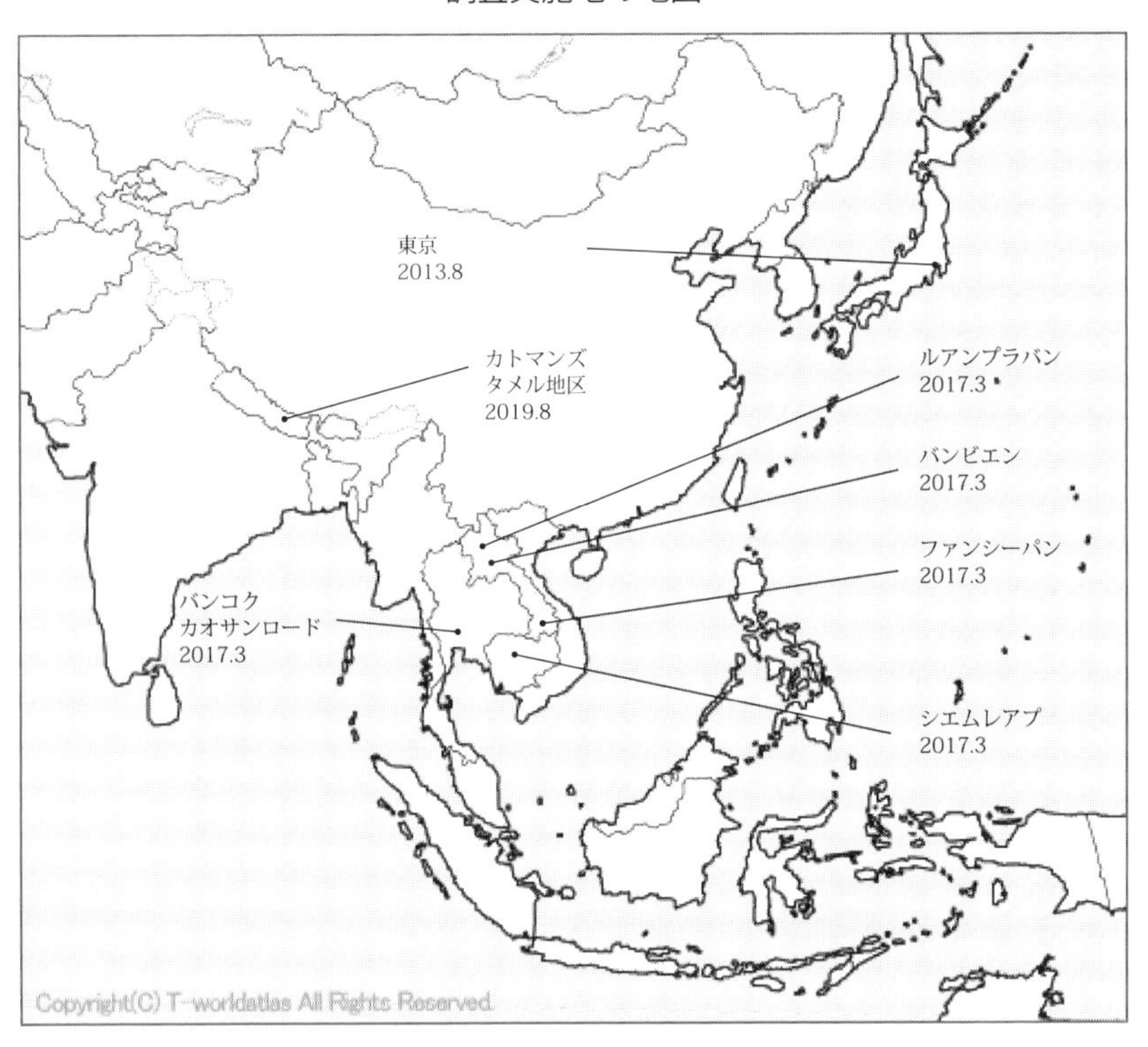
東京
2013.8
カトマンズ
タメル地区
2019.8
ルアンプラバン
2017.3
バンビエン
2017.3
ファンシーパン
2017.3
バンコク
カオサンロード
2017.3
シエムレアプ
2017.3
Copyright(C) T-worldatlas All Rights Reserved.

聞き取りをおこなったインフォーマントリスト（年齢は面接当時）

	年齢	性別	居住地 / 出身地	職業	旅行経験	面接実施地
101	40 歳	男性	東京 / 福島	ゲストハウスオーナー	ユーラシア横断	東京
102	37 歳	男性	東京	ゲストハウスオーナー	世界一周	東京
103	34 歳	男性	東京 / 埼玉	家業従事　自動車販売	ユーラシア横断	東京
104	34 歳	男性	北海道	家業従事　クリーニング	世界一周	東京
105	20 歳	男性	神奈川	大学生→コンサル	世界一周	東京
106	23 歳	女性	岐阜	大学生→金融	50 ヶ国以上	名古屋
107	34 歳	男性	東京 / 宮城	IT →自営業（ネット販売）	30 ヶ国以上	東京
108	28 歳	男性	奈良	フリーター	アジア横断	奈良
109	23 歳	男性	大阪	大学生→証券	東南アジア周遊	ルアンパバン
110	21 歳	女性	京都	大学生	東南アジア周遊	ルアンパバン
111	23 歳	男性	東京 / 福岡	大学生→メーカー	東南アジア周遊	ルアンパバン
112	31 歳	女性	福岡	美容師	海外 30 回目・ワーホリあり	ルアンパバン
113	24 歳	男性	埼玉	大学院生→金融	初めての海外・東南アジア	バンビエン
114	31 歳	女性	東京	SE → web デザイナー	海外 20 回目・東南アジア周遊	バンビエン
115	22 歳	男性	大阪	大学生→金融	バックパック旅行 7 回目	バンビエン
116	20 歳	男性	東京	大学生	初めてのバックパック旅行	バンビエン
117	33 歳	女性	沖縄	ゲストハウスオーナー	アジア旅行多数	ファンシーパン
118	22 歳	男性	東京	大学生	バックパック旅行 3 回目	東京
119	22 歳	男性	東京	大学生	初めてのバックパック旅行	東京
120	21 歳	男性	愛知	大学生	初めての海外旅行	カトマンズ
121	63 歳	女性	東京 / 福岡	テキスタイル作家	1970s からバックパック旅行	東京
122	58 歳	女性	東京 / 山梨	T シャツ作家	1970s からバックパック旅行	東京

調査現場の写真

（ベトナムのハノイ旧市街・ターヒエン通り）
ツーリストと現地住民が混在している飲屋街

（ラオスのウー川、上流沿いに佇むツーリストホテル）

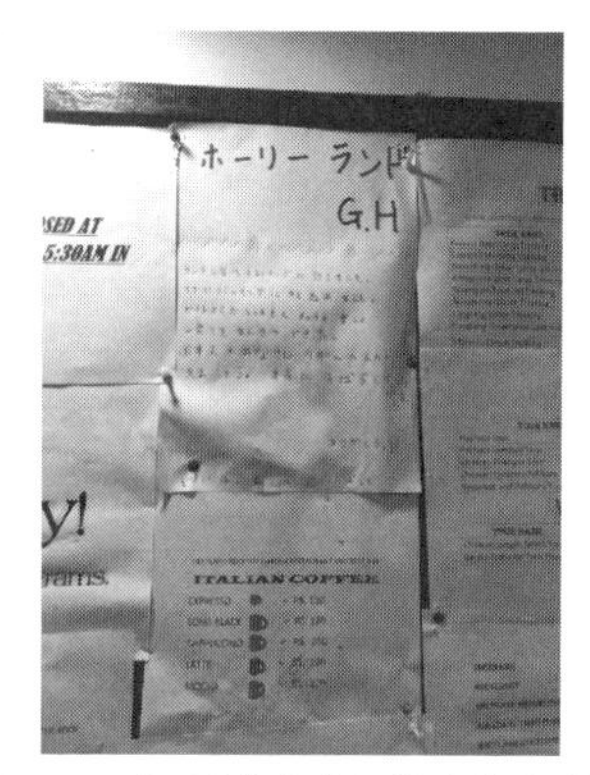

（カトマンズの日本人宿に貼られた現地発ツアーの感想）

（ポカラにおける旅行会社の掲示板）

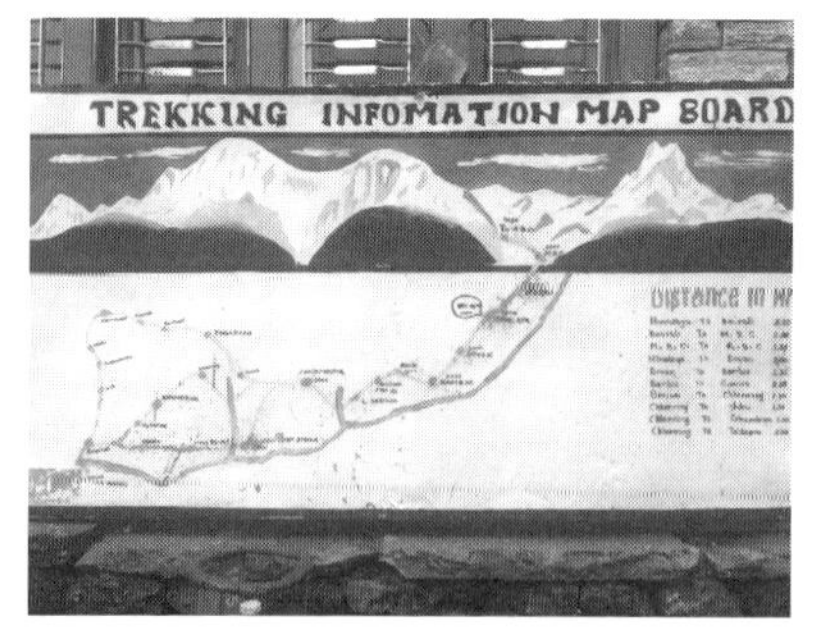

（バックパッカーに人気があるネパールのアンナプルナ山域。トレッキングルートの地図および山小屋）

調査質問票（二〇一三年調査時）

【インタビューフロー】

【事前にアンケート】
・名前
・年齢
・性別
・職業
【事前にアンケート】
・旅行期間
・旅行スタイル
・旅行場所
・旅行回数
・行った年齢
【確認事項】
・答えたくない質問には答えなくてよい
・プライバシーを守ることを伝える
・録音の承諾を取る
【テーマ】
バックパッカーのモチベーション構造と日本社会

ポイント→「バックパッキング」という行動に至る動機と日本社会でのアイデンティティー。
【具体的な流れ】
・挨拶
・経歴(ざっくりと)
・出発前の「バックパッカー」のイメージ
・「バックパッキング」に求めていたこと
・当時の社会に対するイメージ
・動機インタビュー：一回目（表層）
・「バックパッカー」で変わったこと
・社会への意識で変わったこと（帰ってから日本社会に対して感じた）
・帰ってからの社会の中での立場（変化があったか）
・家族のことなど（旅に賛成 or 反対）
・社会からの目線
・仕事関連
・動機インタビュー：二回目（深層）
・終了

【旅行動機構造】

・解放動機（現実逃避、気分転換、のんびり）
・娯楽的動機（飲食、買い物、趣味、街の雰囲気）
・社交動機（旅行者との出会い、現地の人々との交流）
・見聞動機（民族、文化、宗教、生活、観光名所、雄大な自然、外国への憧れ）
・体感動機（実際に体験、五感で感じる）
・精神的動機（主体性、自立心、経験、自己成長、自己探求、人生模索）

解放動機（現実逃避、のんびり）
・仕事は忙しかったんですか
・何の仕事をなさってたんですか
・「バックパッカー」をして、あなたの欲求はどのように満たされましたか

娯楽的動機（飲食、買い物、趣味、街の雰囲気）
・何をして楽しみましたか

社交動機（旅行者との出会い、現地の人々との交流）
・どのような人々との交流に惹かれるようになりましたか？

見聞動機（民族、文化、宗教、生活、観光名所、雄大な自然、外国への憧れ）
・どのような物事を見聞きすることを"最初期待して/期待するように"なりましたか？

体感動機（実際に体験、五感で感じる）

精神的動機（主体性、自立心、経験、自己成長、自己探求、人生模索）
・旅行の最初と最後で考え方が変わった所はありますか？

【小質問群】

【行く前の自身について】

・どうやって BP を知ったか

・当時まで外国に行ったことはあったか、外国のイメージ

・当時の社会に対するイメージ

・当時の旅行に対するイメージ

・計画期間はどのくらいあったのですか？(衝動的に行ったのか、ちゃんと計画練ったのか)

・憧れのバックパッカーはいましたか？

【行った後の自身について】

・「バックパッカー」になって後悔したことはありますか？

・旅をしたことで、社会に伝えたいことはありますか？それは何ですか？

・今の、社会に対するイメージ

・今の夢は何ですか？

・生きがいは何ですか？

【旅行】

・なぜその国を選んだのですか？

・旅行雑誌、マスメディア（ドラマ・テレビなどの影響）

・「深夜特急」は読みましたか？

【家族、環境】

・家族構成

・家族の成員が自身に影響を与えたと思われる特徴や性格は何ですか

・育った環境

・家族（社会、周りの学生）からどんなことを期待されていたのですか

【学校】

・周りにはどういう学生が多かったですか

・（大学に行っていた場合）大学は好きでしたか

・学生時代に頑張ったことは何ですか

・学生のとき、就活についてどう思っていましたか

・学生時代、将来の夢はありましたか

【小質問群】

【バイト】

・バイトはしていましたか

・どんなバイトでしたか

・バイトで（学校で）一番大変だったことは何ですか

【部活、サークル】

・何の部活/ サークルに入っていましたか？

【仕事】

・仕事に何を求めていたか

・仕事は楽しかったですか

・仕事で楽しかったこと、大変だったことを教えてください

・雇用問題についての意見を聞く

【恋愛】

・旅行時に付き合っている方はいましたか？

インタビュー導入用 調査質問票（二〇一七年調査時）

旅行体験に関するアンケート

・対象者の個人名・メールアドレスを公表したり、部外者に貸し出し・譲渡したりはせん
・対象者のプライバシーを保護するために細心の注意を払います。・回答は匿名処理いたします。

F-1 氏名 ______

F-2 住所 ______

F-3 メールアドレス ______

F-4 性別 男・女

F-5 年齢 ______ 才

F-6 職業 ______

F-7 雇用形態 ______

F-8 年間収入 ______ 万円

F-9 配偶者 有・無

Q1 今回の旅行期間を教えてください。 ______ 日

Q2 今回の旅行は全体でいくらくらいの費用がかかると思いますか？ ______ 万円

Q3 今回の旅行には何人で来ましたか？ ______ 人

Q4 今回、海外旅行は何度目ですか？ ______ 回目

自由回答

Q1 今回の全体の旅行計画について簡単に記入してください。（訪問地など）

Q2 あなたは、なぜ今回、旅行をしようと思いましたか？（動機について）

Q3、現在の訪問国の観光情報は何で知りましたか？

Q4、あなたは旅行先においてどのような体験を求めていますか？

Q5 あなたは、旅行体験についてSNSに投稿していますか？

Q6 旅行体験はあなたの今後の人生において役に立つと思いますか？

Q7 あなたはバックパッキング旅行についてどう思いますか？

Q8 今回、旅先で知り合った人とは帰国後も交流を持つと思いますか？

インドは判ってくれない

初めての場所を旅行することは難しい。道中、様々な困難や突発的な事故もあるだろう。でも、特に大切なことは、無事に、最初の宿までたどり着くことだ。そのことが実現できれば、旅行は５０パーセントくらい、成功したと言ってもいい。

＊

香港で乗り継いだ飛行機は、まもなく、デリーに到着しようとしていた。窓の外は薄闇だ。眼下の空には、ちぎれちぎれに綿のような雲々が広がっていた。その狭間からは、時おり、下界のまばらな明かりが確認できる。夜景は、繊細さを欠いて大味だった。遠い外国までやって来たのだ。先ほどから、飛行機は、小刻みに揺れ続けていた。そして、前方の席からは子供の泣き声が聞こえてきている。視線をやってみると、五歳くらいの女の子とその両親がいた。都市に住む裕福なインド人一家という風体だ。父親は恰幅がよく、オーダーメードでグレー色のテーラードスーツを着込んでいる。上品そうな母親は紅色のサリーを身にまとっている。可憐で可愛らしい女の子は朱色のサリーを着ていた。彼らは、旅行を終えて、これから家に帰るのだろう。行くも帰るも別れては、という歌を思い出した。僕は、これから、まだ見知らぬ土地で貧相な一人旅を始める。インドは初めてだ。一人旅も初めてだ。窓の下には、ひどく暗い街並みがどんどんと、近づいてきていた。もう、引き返せそうにはなかった。心の中は、不安と期待で。ない交ぜだ。

そうして——ドンっと音がして飛行機は着地した。少々荒かったが定刻どおりの到着だ。時刻は、二十時五十分だった。

空港は明るく、設備は現代的で日本のそれと、さほど変わらない。グッチやドルガバのショップもちゃんとある。空気には湿り気があったが、エアコンがひんやりと良く冷やしていた。僕は、預けていたバックパックをターンテーブルから受け取った先で、インド人一家を見送った。そして、税関を通り抜けて外へ出た。ここより先から、インドは始まった。

外の空気は生温い。まるで、黒い水牛の群れがガンジスの河辺にひしめき沐浴しているかのような、多くの出迎え群衆は、それぞれに、蠢き、熱気を放ち、到着ロビーを埋めている。そうした混沌に付け加える、ちょっとしたスパイスとして、床の所々には、何をしているかも分からない輩が寝そべっていた。

僕は、ＡＴＭを見つけて、インドルピーをいくらかおろした後、今晩泊まる予定の安宿街を目指すことにした。インドを歩いてみたい人たちの、ザ・バイブル——『地球の歩き方・インド編』（２０１２年度版）によると、そこはパハールガンジと呼ばれていて、ニューデリー駅の西口に広がっている。

空港から市街に出る方法はいくつかあった。タクシーを使ってもいいし、バスで街の中心まで行くこともできた。僕は、最近できたというメトロを使って、デリー駅まで行くことに決めた。タクシーのドライバーは吹っ掛けてきて、変な所に連れて行くと聞いていたし、バスで街中まで行くのも、知らない土地を夜中に歩くことに気が引けたからだ。メトロを使えば安くて、十五分で到着できると、〝歩き方〟にも書いてあったから、あまり考えずにそうした。

メトロは、小綺麗で空調が良く効いた、現代的な乗り物だった。空港を出発してしばらくの間、郊外列車の様に地上を走った。デリーのベッドタウンは薄闇に包まれていた。車窓からは、バラックを少し立派にした簡素な家々が見える。肩を寄せ合い窮屈そうに建ち並んでいる、それらの家からは、控えめで物憂げな明かりがほのかに零れ出ている。炊事場からは、湯気が立ちのぼり風に流されていた。遠くには、ひと際目立って、巨大なスタジアムが見える。試合をやっているようだ。上空に向かって、光線と熱気と紫煙が吐き出されている。そして、メトロは、地底に深く潜り込むように地下へと入っていった。

＊

さて、メトロに乗って着いた場所はニューデリー駅の東口だった。地上に出ると、向こう側に、蛍光灯が灯った大きな駅が見える。駅舎は、ひどく立方体的で幾何学的で無機質な建物だった。白く、のっぺりと、そこにそびえ立ち、まるで巨大なモスクかサティアンといった佇まいであった。それは、周囲に妖しげな白い光を不気味にも、煌々と放っており、ある種の神聖さを漂わせていた。前面には、昇降口のようなものが付いており、そこを多くの人々が行き来していた。それに対して、駅前の広場は、やけに暗く、閑散としている。ただ、ちらほらと群れをなしている、うらぶれた感じの若者や、オートリキシャのドライバーたちがたむろしている様子が見えるだけだ。彼らが何をしているのかは分からない。ただ、不穏な空気が立ちこめていることは、肌で直感した。

〝歩き方〟によれば、今いる東口は駅の裏側となる。僕が行く安宿街がある西口は駅の反対側だ。ここから、西口に行くためには、陸橋で線路の上を渡る必要があった。陸橋は三本あるようで一本は、広場の脇に入り口があり、またほかには、東口を入ったすぐの駅構内にもある。残りの一つは、駅からかなり歩かなければいけない。

広場を見渡すと、すぐに、左手に陸橋を見つけた。それは、鉄骨でできた堅牢な作りで年季の入った跨線橋だった。入り口に近寄ってみると、鉄柵がしてあり「no-enter」と鉄板が打ち付けられている。どうしたものかと、その場にあたふたしていると、後ろから長身で痩せ細った男が声を掛け、指図してきた。一瞬の出来事だったので相手の顔は覚えていない。

「パハールガンジに行くのだろう。駅の中から行きなさい。」

「ありがとう。」

僕は、仕方なく、駅構内に入って陸橋を抜けようとした。荷物を検査するX線装置があって、その横を通ろうとした、その時、再び大声で呼び止められた。

「おい！」

でっぷりと太っていて毛深い、熊のような男が僕の腕をつかんでいる。

「お前、いったい、何をしているのだ。」

「ええ、ちょっと、ここを通りたいのだけど。」

男は大声でまくしたてた。

「お前、切符を持ってないだろ！」

僕は、この予想外の男との応酬に混乱していたが、力を出して反論してみせた。この先、インドを旅するには、こういうことも必要だろう。

「いや、インドの鉄道駅は切符がなくても入場できるはずだろ！」

すると男は、堰を切った水が流れるように、早口で話し始めた。

「お前は、パハールガンジに行くのだろう。いま、パハールガンジはポリスが警備していて、クローズされている。入ることは許されないのだ。なぜなら、デリーはいま、十二年に一度のヒンドゥー教の祭りで治安が悪化しているからだ。だから、お前はこっちにきて、そこのオートリキシャに乗れ。そして、ツーリスト・インフォメーションに行け。そこに宿泊先リストがおいてある。その場所でしか、今晩、デリーの宿をとることは出来ないのだ。私が、これからリキシャマンに話を付けてやろう。」

男は、そう言って、広場でたむろしている青年のひとりに声をかけにいった。

「おい、そこのリキシャマン！このミスターを100ルピーでコンノートプレイスのツーリスト・インフォメーションまで連れて行きなさい。」

青年のリキシャマンは言った。

「150ルピーだ。」

男は、僕の手を強く握り、緊張感のある面持ちで言う。

「いいか、絶対に100ルピーしか払ってはいけないからな。分かったな。これは私とお前とのプロミスだぞ！」

彼は、僕がリキシャマンにボラれないようにと忠告したのだろうが、その、いきすぎた優しさに、いささか奇妙な感じを覚えた。

そうして、僕はオートリキシャの後ろに乗り込んだ。

　リキシャはデリーの夜道をひた走った。オレンジライトのほのかな灯火があるだけの暗い通りには、冷たく湿った深夜の空気が立ちこめている。通りの両脇には、二、三階建ての建物が立ち並んでいるが外に人影はない。どうやら、夜中に外を出歩くことは、この土地の普通ではないらしい。

　十分ぐらい、走っただろうか。オートリキシャはコンノートプレイスと思われる広場に出た。そこは、半径300メートルぐらいの巨大なラウンドアバウトになっており、ただ、だだっ広くて人は全くいなく、警備のパトロールカーが数台あっただけだった。そして、リキシャは止まることなく、広場をぐるーっと半周して脇道に入った。

僕は、焦って叫んだ。

「ちょっと！どこに行くんだ！」

リキシャマンは言った。

「もうすぐ、もうすぐで着くから。」

そこからさらに五分走って、路地脇にある三階建てくらいの小さな雑居ビルの前でオートリキシャは止まった。

地下組織のアジトを憶わせる怪しげなビルの一階には、TOURIST・INFORMATIONと書かれた看板が電飾して掲げられていた。

「着いたぞ。」

料金を払おうとしたが、リキシャマンは、とにかくビルの中に行けという。

「俺がここで待っていてあげるから、今晩のホテルを見つけてこい。」

僕は、彼に言われるがまま、リキシャを降りてツーリスト・インフォメーションに入った。

　ガラス戸を引いた中には、手前に大きな事務机があり、奥には木の囲いで仕切られたブースが幾つか並んであった。旅行会社のような、佇まいである。すぐに、奥から、インド人のオーナーが出できた。背が高くて痩せている。年齢は三十歳くらいだ。目には力がなく、彼の表情からは、感情が伺い知れない。そして、作り物の安っぽい薄ら笑みをその顔に浮かべていた。オーナーは、唐突に日本語で話しかけてきた。

「あっ、こんばんは。日本人ですよね？」

「あっ、はい。」

「大学生？」

「はい。」

「ねえ、君。いったい、こんな夜中にどうしたの？」

彼の日本語は、渋谷かどこかの若者街にいるキャッチのボーイが使うような品のないものだ。声は高くて柔らかいが抑揚がない。

「いや、今晩、泊まる宿が見つからなくて。オートリキシャに安宿街に連れて行ってくれと言ったのだけど、なんか、ここに連れてこられた。」

オーナーは、まるでこれから、使えない新人にクビを宣告する上司のような、人を大切に扱わない口調で言った。

「そうですか。まあ、とりあえずこっちのブースに入って、座って。いま、いくから。ちょっと待ってて。」

木で仕切られたブースの中には椅子が3つあり、事務机、電話、パソコンが置かれていた。隣のブースからは、若者が話す英語が聞こえてくる。どうやら、自分以外にも、トラベラーが入っているようだ。

「チャイ淹れてきたよ。どうぞ飲んで。」

僕は、このとき、〝歩き方〟に書いてあった悪徳旅行会社のことが脳裏に過っていた。このシチュエーションは多分それかもしれない。このチャイも相当に怪しい、薬物でも入っていないだろうか。

「今晩、泊まれる宿を見つけてほしいです。出来れば、パハールガンジにある安宿で。」

オーナーは、足を組みながら座り、いらいらしている素振りを見せた。そして、何も知らないで来た僕を小馬鹿にするような、口調で言った。

「パハールガンジは、今日は、厳しいね。いま、インドは十二年に一度ある〝クンブメーラー〟という、ヒンドゥー教のフェスティバルで宿はどこもフルだから。空いている宿は、五つ星の高級ホテルしかないよね。」

彼はそう言うと、パソコンで〝クンブメーラー〟の画像を検索して見せた。僕は、なにが起こるか分からないインドだから、そのようなこともあるかもしれないと、彼の話を半分は信じた。しかし、よくよく考えてみると、おかしいと思った。バックパッカーが泊まる安宿が全て満室になることなど、そうそうないことだ。

「いや、そんなことはないじゃないですか。パハールガンジには、とてもたくさん安宿があるはずだから、どこか空いてないですかね。」

すると、オーナーは取り澄ました口調で言った。

「ん、じゃあ、電話して探してあげる。きみ、ほら、『地球の歩き方』持ってきているでしょう。泊まりたい宿を探してみなさい。空きがあるか電話で確認してあげるから。」

オーナーがそう言うので持っていた〝歩き方〟を出した。しかし、机の端をよく見ると、くしゃくしゃになった使い古しの『地球の歩き方・インド編』（２００７年度版）が置いてあるじゃないか。いったい、どういうことなのだ。


僕は、〝歩き方〟のページを繰って、適当な安い宿を決めて、言った。

「ここは?」僕は、パハールガンジにある３００ルピーの安宿を指した。

オーナーは、机の上の電話機でホテルに訊いて、言った。

「ダメです。空いていないよね。」

僕は、他の安宿も指した。

「じゃあ、ここで。」

オーナーは、さっきよりもイライラして、早口で電話していた。

「ここも空いていないって。」

「じゃあ、ここは?」と僕は続けた。

オーナーは、とうとう怒りを我慢できなくなったようで僕のことを怒鳴りつけた。

「もう、いいかげんにしてよね。きみが自分で電話して! 自分のことぐらい自分でしてよ。よくそんなのでインド来たね。」

彼の言葉に、僕の臆病な自尊心は、粉々に打ち砕かれた。いや、始めから、そんなものなんて持っていなかったのかもしれない。しかし、インドに来れば、自分の力で何かができると、思っていたのだ。僕は、自分のこともできない、自身に尊大な羞恥心を感じた。

　僕は、オーナーが電話番号をダイヤルする時に、いつも1のボタンしか押していなかったのを見ていた。おかしい。時計を確認すると、既に時刻は夜中の十一時をまわっている。もう、自分で電話することにした。よし、ここだ。ホテル・ナブラン。シングル４００ルピー。

（ダイヤルする。　２３５６１９２２）


何回かのコールの後、男が電話に出て言った。

「ハロー。」

僕は、男に聞いた。

「今晩、シングルルーム、一泊空いていませんか？」

男は、気怠げな、やる気のない英語で答えた。

「ウィー、アー、オール、フル。ビコーズ、オブ、ザ、フェスティバル。オンリー、スイートルーム、オーケー。」

なにが、スイートルームだよ。だいたい、そんなもの本当にあるのか？

回答は予想できたが確認のために訊いた。

「スイートルームはいくらなのですか？」

「ファイブ、ハンドレッド、ダラー。ワン、ナイト。」

「そうですか。もういいです。ありがとう。」

５００ドルとかあり得ないだろ…。他の所も一応電話しよう。もう少し、高い所なら空いているはずだ。ホテル・マルコポーロ。シングル一泊８００ルピー。


（ダイヤルする。　２３６１８８５４）


男が電話に出て言った。

「ハロー。」

あれ、さっきと同じ男につながったぞ？どういうことだ？

「今日、空いていますか？」

「ウィー、アー、オール、フル。オンリー、スイートルーム……」

もういいよ。僕は、電話を切って、ダイヤル1を押した。

「ハロー。」

くっそ、こんなのアリかよ…。はめられた…。どうしたらいいのか分からなかった。しばらく、机に突っ伏して固まっていたが、オーナーがブースに戻って来た。

「どうでしたか？」

「あの、何回電話しても同じ所につながるのだけど？これ、おかしいだろ？ここ、悪徳旅行会社だろ！『地球の歩き方』にだって書いてあるぞ！」

僕は、体から精一杯の力を振り絞り、訴えた。

すると、オーナーは突き放すように、言った。

「もう、いいです。帰って下さい。」

オーナーは、怒りがこみ上げてきているようだった。そして、怒濤の罵声がしばらく続いた。

「人が親切にホテル探してやるって、言ってるのに、なんなんだよ！お前、生意気だよ！こっちはお祭りで、多くのトラベラーの相手していて、忙しいんだぞ。だいたい、お前、初めてインド来るのにホテル予約してこないとかバカじゃないの？そんなに、ここが嫌なら、荷物もって、さっさと出て行けよ！」

僕は何か言い返す体力が残っていなかった。彼の言うことは、正しいと思った。バックパックを背負って、旅行会社を出ようとしたら、オーナーは、後ろから言ってくる。

「デリーの治安は悪いからな。ひとりで出歩いて、殺されてもしらないからな！それに、いまパハールガンジは、お祭りの混雑で警察に封鎖されているのだぞ！」

そんなこと言われたら、もう、外にも出られないじゃないか。

「すいません。僕が悪かったです。やっぱり、ここで、ホテル予約してください。」

オーナーは、薄ら笑みを浮かべて、待っていましたと言わんばかりのふりで、僕を奥のブースに引き入れた。

「この先、数日はデリーの宿は空いていないね。君は、これからすぐに、アーグラーに行きなさい。私がツアーを組んであげる。」

僕は、こんな夜中からアーグラーに移動するのは嫌だった。それに、彼に任せてしまえば、いったい、どこに連れて行かれるか分かったものじゃない。どうにかデリーのホテルにたどり着いて、彼の手から自由になることができれば……。

「どうしても、デリーの宿は空いていないですか？初めて来たから、デリーを観光していきたい。」

オーナーは、声を荒げて小早く言う。

「あの、何回も言っていますよね。今日はお祭りでどこも空いていないから。それとも、君、スイートルームに泊まるお金持ってきてるの？持っていないよね？」

ううむ。確かに、宿は全て安宿ですませる予定だったし、いくらなんでもスイートルームは破格すぎる。

「わかった、わかった、もうわかったから。それで、そのツアーはいくらぐらいなんですか？」

オーナーは訊いてきた。

「君は、何日ぐらいどこを旅行するの？」

「デリーからアーグラー、途中、カジュラホーとバラナシを通ってカルカッタまで。三周間の予定だけど。」

オーナーは、笑いながら、そして、僕の弱みをすべて知っているかのようにいいなぶった。

「へー、壮大だね。そんなに、旅行するのによく、ホテル予約してこなかったよね。でも、そういう子、ほんと多いよね。」

別に無計画で来たっていいじゃないか！

しかし、くそっ。なんで、僕は、宿を予約してこなかったんだ！なんで、そんな簡単なこともできなかったんだ！

僕は、己の無力さに打ち拉がれながら、訊いた。

「どうしたらいいですかね？」

オーナーは、言った。

「すべては、面倒見られないから、カジュラホーまでの電車とホテルを手配してあげます。そこからは、自分で旅行しなさい。USドルのキャッシュで300ですね。」

ほら、きたっ！やっぱりな……。僕は、この旅行の全財産は500ドルしか持ってきていなかったから、到底払えるわけはなかった。どうにか交渉しよう。

「えっ、３００ドルって高すぎない？もう少し安くならない？」

「ダメです。」

「２５０とかは？」

「ダメです。ここに来た人はみんな、それぐらい払っているよ。だいたい、日本人はお金たくさん持っているのだから、払って下さい。東京じゃ、その金額で旅行はできないでしょ？」

オーナーは、僕たちの性質をよく分かっている。多くの若者が騙されてきたのだろう。

「現金、５００ドルしか持ってきていないし、払えないよ。」

「ははは、少ないね。でも、きみ、クレジットカードは持ってきているのでしょう。それか、日本円で払ってもいいですよ。」

　彼は、僕の心情が手に取るように分かるのだろう。出会ったが最後だ。僕の実力なんかでは、もがけばもがく程、関われば関わる程、不自由になる。

冷静に考えて、突発的な事故でもない限り、この状況は、変えることが、できない。

　しばらく、考え込んでいたが、思いついた。そうだ。その、突発的な事故を起こしてやろうじゃないか！相手も予想しないものを。方法はなにがある？気が狂ったフリでもしてやろうか？いや、それは、見え透いた嘘ですぐバレる。よしっ、この場所から飛び出してやろう。

勇気を出せば、この状況は、変えることが、できる。


　オーナーは、去り際に、僕に言った。

「ははは。無知な若者だね。」

＊

　外には、乗って来たオートリキシャがまだ止まっていた。路地にたむろしている若者のなかに、青年リキシャマンはいた。僕は、彼に声をかけ、パハールガンジに行くように頼んだ。青年は、僕がホテルを決めないで戻ってきたことに大変驚き慌てている様子だった。僕は、彼を説得しようと交渉を続けたが、周りにいた若者たちが、野次馬のように話に割って入ってきた。青年は、大変困った様子で僕のことを彼らに相談していた。しばらくの間、彼らが何を言っていたのかは、分からなかったが、若者たちの間で僕の処遇に関する議論が熱く交わされているようだった。十分ぐらい話し合いが続いた後に青年は、僕にリキシャの後ろに乗れと言った。

　リキシャが走り出した後、僕は、青年に再び、パハールガンジに行くように言った。すると、彼は答えた。

「パハールガンジは警察にバリケードでクローズされて

いるからリキシャでは入れない。元いた、駅の東口に戻るから、そこからは自分で行って。」

僕は、どうにかリキシャにホテルの近くまで乗り付けて欲しいと思ったが、旅行会社から出ることができたし、これ以上揉め事は起こしたくなかったので、しぶしぶ承諾した。

　リキシャは来たときと違う道を五分ほど走った。青年は、スピードを落とし、横に見える通りの奥を指差して言った。

「ほら、奥に明かりが見えるだろ?あそこがパハールガンジだ!」

　真暗い大通りの随分と奥のほうだ。五百メートルくらい離れているだろうか。赤白の大きなプラスチックの衝立によって、二重にバリケードが張られているのが見える。警察車両も複数台いて、警備している。そして、その後ろには、溢れんばかりの光が輝いていた。

「頼む!頼むから、あそこまで行ってくれ!君に直接、３０ドル払ってもいいぞ!いや、５０ドルでもいい!それでもダメなら、いまここで降ろしてくれ!」

「いや、ダメだ。それはできない。」

青年はそう言って、リキシャを止めることなく、通りを過ぎた。僕は、疲れきっていたし、もう引きずり廻されることは懲り懲りだった。さっさと、料金を払って降りられる様にと
財布から３００ルピーを出して用意した。

　しばらくしてリキシャは駅の東口に着いた。三時間ほど前に来た時よりも、人影は少なく落ち着いたようだ。

静けさの中で駅の白色蛍光灯だけが不気味にも煌々と光っていた。

「着いたぞ。」

リキシャマンは言った。僕は、バックパックを背負って、手に握っていた３００ルピーを彼に渡した。

「３００ルピーで良かったな?」

と言って、リキシャを降りた、その時だった。静寂を切り裂いて、リキシャマンの大声が響き渡った。

「――乗れっ!リキシャに乗れーーっ!!――」

　彼は、目の前に突如割り込んできた非日常を見るかのように、パニックと恐怖に震えていた。まるで、インド独立の父、マハトマ・ガンディーが三発のピストルの弾丸を打ち込まれ、地面に崩れ臥した瞬間を目撃したように。これは、尋常ではない事態が差し迫っているぞ!

　周囲は騒がしくなり、駅の方から、男が走り寄ってくる。僕の腕をつかんで気迫のある声で言った。

「お前っ、早く、リキシャに乗れ!乗ってすぐに、ここを離れるんだ!早く行け!」

男に背中を押されるがままリキシャに乗り込んだ。

リキシャマンは、絶叫している。

「――やばい!これは、やばい!行くぞ!――」

後ろから、三人くらい男が近づいてくるのを最後に見た気がする。そして、リキシャがけたたましいエンジン音を立てて、走り出そうとした、その瞬間に、僕は、意識を失った。

なにが起こったのかは、分からなかった。暗闇の奥からなにかが飛んできて、僕に、ぶち当たった。そして、幾つかの星が飛び散る様子を見た後に、急速に色を失った。視界は真っ白になった。

＊

その後、僕が最初に見たのは、TOURIST・INFORMATIONの文字だった。いつの間にか、旅行会社に戻っていたようだ。しかし、あまり良くは見えない。どうやら、メガネがなくなっているらしい。リキシャマンは路地に座って、タバコを吸っていた。

「ほら、これお前のだろう?」

僕は、彼からメガネを受け取り、力の入らない体を引きずって、旅行会社の中に入った。それから、オーナーの男に起こった出来事を全て話した。

オーナーは言った。

「まあ、そんなこともありますよ。疲れたでしょう?チャイを飲んで、そこの椅子でゆっくり休みなさい。」

鉄瓶から、熱く煮えたぎるチャイがカップに注がれる。湯気が立ち昇り、茶葉の香りが部屋に広がる。

オーナーの物言いは、心なしか優しく感じられた。

「そんなに頑張らなくてもいいですよ。」

僕は、チャイを飲んだ。甘く煮詰まった濃厚なチャイが体の芯まで染み渡る。少しばかり入ったスパイスが全身を温める。そうか、インドのチャイはこんなにも、うまかったのか。その味に、この世界は僕が考えていたほども暴力的ではなかったのかもしれないな、と思った。恐れや緊張は、溶かされてゆく。体から力は抜けていった。もう、現実を受け止めて、後はオーナーの言うとおりにしよう。

＊

僕は、オーナーに言った。

「ツアーを手配して貰えますか?」

オーナーは、答えた。

「分かりました。特別に280ドルにしましょう。現金で払ってもいいし、それか、君がいま手に持っているi-phoneを置いていってもいいですよ。」

僕は、10ドル札28枚で支払った。オーナーは、僕が現金を丁寧に小額紙幣で持って来ていたことを褒めた。そして、すぐに車が迎えにくるから待っていてと言った。それから、僕とオーナーはとりとめのない話をした。彼が東京の西葛西に住んでいたことや、日本人の観光客はよく来るとか、そういった話だ。また、オーナーは丁寧にも僕に、これからインドを旅する上での諸注意もしてくれた。知らない人についていってはいけないなど、他にも色々言っていた気がする。

車を待っている間、ブースの中からは終始、すすり泣く声が聞こえていた。どうやら、僕が旅行会社を離れていた時に連れてこられたトラベラーのようだった。しばらくして、二十歳前後のオーストラリア人カップルが出てきた。彼女の方は、目を赤く腫らせて泣いていて、また、彼氏の顔は引きつり強ばっていた。彼らは、空港を出てすぐ乗ったタクシーにここに連れてこられたらしい。僕は、彼らに訊いた。

「君たちも、これからアーグラーに行くのだろう?良かったら、同じ車に乗っていくことができるか訊いてみないか?」

　すると、彼氏の方が眉間にしわを寄せて、答えた。

「それは、できない。俺らは、さっき500ドル払って、パハールガンジまでのタクシーを手配したんだ。じきに迎えにくる。君には悪いけど、一人でアーグラーまで行ってくれ。」

　彼らは、そう言って、行ってしまった。そして去り際に、息巻いて、怒鳴り散らしていった。

「明日になったら、絶対にツーリスト・ポリスに通報してやるからな!くそ野郎!」

　カップルが行ってしまったことは、寂しかったが、彼らも、大変で可哀想なのだろうとは、思った。

　夜中の二時半になって、ようやく迎えの車は来た。80年代の角張った、白のポンコツカローラだった。ドライバーが出てきて、すぐに出発するから、乗れ、と言う。僕は、荷物を積んで後部座席に座った。オーナーは最後に、ドライバーにもちゃんとチップを渡すように、と言って僕を見送った。

　車は、静まり返った夜の道をしばらく走ってハイウェイに入った。僕は、いったいどのくらいでアーグラーに着くのかドライバーに聞いた。

「さあな、200キロも離れているからな。いつ着くのかは分からないな。」と彼は言った。車は、街を出て、電灯もない暗闇の中を走りはじめた。ドライバーは、とても若い青年だったので歳を聞いてみた。彼は二十歳だという。僕と同い年じゃないか!当然、年齢を聞き返されたので、僕は、水増しして自分は二十三歳だと答えておいた。職業も聞かれので、リサーチャーだとか適当に答えた気がする。しばらくして、彼は道路脇にある茶屋に車を止めてチャイを買ってきた。僕は、それを受け取って、彼に訊いた。

「お前、いつもこんな仕事をしているのか?」

彼は、十八歳の時から、この仕事をしていて、三日前にも日本の学生を乗せたという。そして、こう続けた。

「インドじゃ、チャイを飲み終わったら、その陶器の器を地面に投げつけて叩き割るんだぜ。そうすれば、一日のカルマ(業)は浄化される。さあ、お前もやってみろよ。そして、今日あったことは全部、忘れろ!」

それから、ドライバーは、もう眠ると言って、車の中に入っていった。

　僕は、一人で夜空を眺めていた。満天の星が輝いている。外の風は冷たくて肌寒い。そして、手に持った熱い陶器からは、湯気が立ちのぼり、風になびいていた。僕は、チャイに口をつけた。

＊

朝起きると、陽は既に高く昇っていた。昨夜は分からなかったが、周囲には、砂地に低木が生い茂るだけの何もない土漠が広がっていた。ドライバーはまだ寝ている。彼を叩き起こして、いつ出るのかと聞いても、返事は芳しくない。結局、出発は正午すぎになった。昨日とは、うってかわって、外は猛烈な熱さだ。空気はひどく乾燥している。車は土埃を巻き上げながら、舗装されていない道を粘り強く進んでいった。僕は、ずっとフロントガラスを見つめていた。

車は進む。黒い水牛の群れが道を横切っていった。車は進む。機関車が、客車を引いて道を横切っていった。車は進む。紅色のサリーを身にまとった女性が、頭に荷物をかかえて道を横切っていった。車は進む。朱色のサリーを着た女の子が、小ザルの手綱を引いて道を横切っていった。薄らいだ意識の中で五、六の街がやってきては、通り過ぎていった。そして、夕方になった頃、ようやくアーグラーに到着した。

街に着くやいなや、ドライバーは、ホテルの部屋が準備できるまで、土産物屋に行こうと言う。僕は、頑に断ったが、これもツアーに込みだから絶対に外せないと、彼は引き下がらない。ホテルの場所も分からないので、最終的にまたもや連れて行かれることとなった。思い出したくもないが、確かそこで30ドルでクルタ・パジャマとかいう名前の民族衣装を買わされたはずだ。—ホントにもう勘弁してくれよ！と心の中で叫びわめいていた。

夜になってようやく、ホテルに入ることができた。僕は、ベッドに崩れ落ちた。しばらくしてドライバーがやって来て、部屋のドアを激しく叩いた。彼は、僕に鉄道のチケットを渡した後、これで俺はもう帰るからと言って、最後にチップを請求してきた。彼は、30ドルよこせと言ってくる。もはや交渉する気力もなく、甚だしく疲弊していた僕はなぜか、土下座して手持ちの残金500ルピーを彼の手に握らせた。彼は、さすがにびっくりして、そそくさと退散していった。インドでは、カーストを越えた土下座などは絶対にあってはならないことだからだ。

外は、もう真っ暗だ。僕は、インドに着いてから、なにも食べていなかったが、食欲などは到底、湧かない。いっそう、そのまま死んでしまおうかと考えていた。この部屋だって、安全かどうかなど、分からないのだぞ。窓はないが、ドアだって薄っぺらな木が一枚じゃないか。くたびれたマットレスのベッドが無造作に置かれている部屋には、ただ、僕、ひとりだけだ。天井のファンが生温い部屋の空気を不気味にも静かに掻き回している。僕は、世界のいちばん果てに一人でいる気分だった！——なんで、なんでこんなところにきてしまったんだっ！！——インドなんてクソだ！！——もう、帰らせてくれっ！！！

——真理とはなんだ！非暴力とはなんだ！おお、神よ！

その晩、僕は、ベッドの底に沈み込むように、今までの人生で一番くらい、深く眠った。

＊

どれくらいの時間が経ったのかは、分からない。ドアの下の隙間から明るい光が部屋に差し込んでいる。ああ、まだ、インドにいたのだな。もはや、旅行を続ける気力も残っていないし、手持ちの現金もほとんど失った。とても悔しいし、最後まで取りたくなかった手段だが、もうしかたがない。帰りの航空券代を送ってもらうために、実家に電話しよう。僕は、そう思って部屋を出た。そして、フロントの横にあった食堂の椅子に座って、電話をかけた。

電話はすぐに繋がり、母親が出た。僕は、起こった出来事を丁寧に、全て彼女に説明した。僕は、母親が喫驚し悲嘆するような、とてもドラマチックな展開になることを期待していたが、反応はそれに反して、全く普通のものだった。

「ふーん。ケガがなくて良かったね。失くしたぶん、送金しておくから、旅行を続けなさいね。」

そう言って、電話代が高くつくからと切られた。それで僕は、肩透かしを食らった気分になり、当惑した。

しばらく、食堂の椅子に唖然とした様子で座っていた。ホテルの入り口から、小柄な二人組の若者がこちらに向かって、歩いてやってくるのが見える。

「日本人ですか？」小柄でも大きい方の男が聞いてきた。

「はい、そうです！」僕は、安堵と嬉しさで嬉々として答えた。――やっと、やっと日本人に会えたぞ！！

「僕たち、今朝タージマハルを観光して、いま帰って来たんですよ。良かったら、昼を一緒に食べませんか？」

「ぜひ、喜んで！いやー、こっちに着いてからまだ、何も食べていなくて……。」

「ここのカレーは、本当にうまいんですよ！」

彼は、嬉しそうに言う。この、大きい方の男は、名前を安田といった。童顔で中学生みたいな風貌をしていて、こんなやつでもインドを旅行できるのか、と思った。安田より、さらに小柄な方の男は、河村といったが、彼は終始、口をきかなかった。彼の無口さは、こちらが心配になるほどだった。おそらく、河村が単体でインドを旅行することは、不可能だろう。

「君らは大学生なのか？」僕は、安田に聞いた。

「そうなんですよ。僕は、大学の二年生です。一浪しているけれど。河村の方は二年浪人してるから、一年生です。予備校からの友達でいま、春休みなんで一緒に旅行してるんですよ。」彼は、答えた。僕は、彼らが興味深かったのでさらに詳しく、聞いてみることにした。

「えっ、じゃあ、安田は、僕と同い年じゃないか！ちなみに大学で何の勉強をしているの？」

すると安田は、説明しにくそうな、しかし、なぜだかその仕草には親近感と愛着の湧く、不思議な表情をした。

そして、渋々と答え始めた。

「えーっと。ちょっと、説明しにくいんですけれど、僕は、普段は数学の勉強をしています。でも、学部は、なんて言うんですかね、教養学部っていうか……。まあ、僕たちは、〝リベラルアーツ〟って呼んでいるんですけれどもね。」

　―はっ―。安田の口からは、唐突にも、予期せぬ単語が発せられた。〝リベラルアーツ〟。それは、僕にとっては、とても聞き覚えのある単語である。日本には、その名を冠する学部を持った大学は一つしかない。そして僕は、そこに在籍していて、日々、その聞き慣れない単語の意味を他人に解説することが日課であった。

「んん?あの、三鷹にある?」僕は、続けて聞いた。

「ええっ!なんで知っているんですか!?」安田は、驚きに満ち溢れた顔をして、聞き返してきた。

僕は、ここぞと言わんばかりの調子で、安田に向かって叫んだ。

「だって、自分もそこの学生だから!ほらっ、ここに学生証だってある!」

「おおお!じゃあ、先輩じゃないですか!」

　安田は、とても興奮した様子で言った。僕と安田は、意気投合した。そして戦争で生き別れになってしまった兄弟が偶然にも再会できた時のような感慨にしばし耽っていた。

　僕は、安田にインドにきてから起こった出来事すべてを話した。彼は、さほど驚いた様子もなく、淡々と話し始めた。

「ああ、それですか……。実は、僕たちもやられたんですよ。僕らは、先にジャイプルを観光してから、こっちに来ましたがね。ここには昨日、連れてこられました。」

　話を聞くと、どうやら安田一行は、空港内で両替をすることを忘れて、外に出てしまったらしい。外には、両替所がなかったから、現金もなく、あたふたしているところをタクシーに誘拐されて、旅行会社に連れて行かれたとのことだ。しかし、安田は、とても気丈そうに語っている。僕には彼らが、やられた風には、全く見えなかった。

「えっ。じゃ、共にやられた仲間で、君らは、少し遠回りはしてきたけれど、今ここで同じホテルに収容されているってこと?」

安田は、笑いながら言う。

「まあ、同じ奴らがやったかどうかは、分かりませんがね。なんでも、デリーには、そういった悪徳旅行会社が五つも、六つも、あるらしいのですよ。」

「ははは。それは、歯が立たないな。大学で勉強した教養なんて、何の役にもたたなかったな。」僕は、言った。

安田は、一笑いした後に続けて言った。

「でも、僕は、このことを何も悪く思っていないですよ。確かに、二人で４００ドルも払いましたが、それでもドライバー付きでジャイプルも観光して来られましたし、これはこれで、けっこう楽しかったですよ。」

そうか。インドは、そういうものなのか。僕は、安田と話していて、ようやく理解した。先ほどまで感じていた、恐怖や不安の感情は解きほぐされてきた。そして、それらの感情に支配され、身動きが取れなくなっていた自身が馬鹿らしく思えてきた。

テーブルの上には、カレーが運ばれてきた。それは、いくつかの小さな真鍮の器に盛られており、それぞれが色とりどりに輝きを放っている。僕は、カレーをスプーンで一口すくって、口に含んだ。

――ピリッと、脳幹を貫くような、突き抜けた辛さがあったあと、口の中には、コクのある深い味わいがやってきた。そして、全身の汗腺は、歓びうたうかのように、大量の汗を吹き出し、鼻腔の奥にまで、スパイスの芳醇な香りが気持ち良く広がった。

インドで食べた初めてのカレーだった。

＊

世界の果てにひとりでいて、孤独に沈んでいた感覚は、色を回復し始めた。意識は、急速に現実へと引き戻されていく。

陽は高く昇っている！陽は眩しく感じられる！地面に激しく照りつけている！熱く皮膚を焦がしている！市場を行き交う商人が見える！街の人々も見える！子供は道で遊んでいる！！サモサを揚げる音が聞こえる！！パチパチといっている！！油の臭いがしている！！スパイスの匂いもしている！！！

食堂の奥のほうからは、とても懐かしい声が呼んでいた。

「ノビー！ノビー！」

目をやると、テレビの中で、ドラえもんのしずかちゃんがヒンドゥー語でしゃべっていた。

――なんだ。自由は、こんなに近くにあった、じゃないか……。――

僕は、思った。さあ旅に出よう。

【執筆者紹介】

萬代伸哉（まんだい・しんや）
バックパッカー研究家。
1992年大阪府生まれ。国際基督教大学教養学部卒業。一橋大学大学院社会学研究科修士課程修了。修士(社会学)。学部生の頃から世界38ヶ国をバックパック旅行する。

多田治（ただ・おさむ）
一橋大学大学院社会学研究科教授。
1970年大阪府生まれ。琉球大学法文学部助教授を経て現職。早稲田大学大学院文学研究科社会学専攻博士後期課程修了。博士（文学）。著書に『沖縄イメージの誕生』東洋経済新報社、『沖縄イメージを旅する』中公新書ラクレ、『社会学理論のエッセンス』学文社、『社会学理論のプラクティス』くんぷる、『いま、「水俣」を伝える意味』くんぷる（共編著）などがある。

須藤廣（すどう・ひろし）
法政大学大学院政策創造研究科教授、バックパッカー。
1953年生まれ。東京外国語大学英米語学科卒業。高校教員を経て、法政大学大学院修士課程（社会学専攻）修了、日本大学大学院博士後期課程（社会学専攻）単位取得満期退学、北九州市立大学文学部教授、跡見学園女子大学観光コミュニティ学部教授を経て現職。専門は観光社会学、文化社会学。主著『観光社会学―ツーリズム研究の冒険的試み』明石書店2005年、『観光化する社会―観光社会学の理論と応用』ナカニシヤ出版2008年、『ツーリズムとポストモダン社会―後期近代における観光の両義性』明石書店2012年。

バックパッカー　体験の社会学

ー日本人の若者・学生を事例にー

2020年6月1日　第1刷発行

著　者　　萬代伸哉
解説者　　多田治・須藤廣
装　丁　　石山奈美
発行人　　武内英晴
発行所　　公人の友社
〒112-0002　東京都文京区小石川5-26-8
TEL 03-3811-5701　FAX 03-3811-5795
e-mail: info@koujinnotomo.com
http://koujinnotomo.com/
印刷所　　倉敷印刷株式会社

ISBN978-4-87555-844-6